합리적 정서행동치료

Albert Ellis · Catharine MacLaren 공저
서수균 · 김윤희 공역

Rational Emotive Behavior Therapy

A Therapist's Guide (2nd ed.)

학지사

Rational Emotive Behavior Therapy: A Therapist's Guide (2nd ed.)
by Albert Ellis ·Catharine MacLaren

역자 서문

이 책은 Ellis와 MacLaren의 『Rational Emotive Behavior Therapy: A Therapist's Guide (2nd ed.)』(2005)를 번역한 것으로, 서울대학교 임상/상담 대학원 세미나 시간에 원서를 함께 공부한 것이 계기가 되어 번역출간을 결심하게 되었다.

상담이나 심리치료 장면에서 인지행동치료가 효율적이라는 것은 익히 들어서 알고 있음에도 이를 내담자에게 막상 적용하려 할 때 어색함과 망설임으로 주저했던 경험이 심리치료자라면 누구나 한번쯤은 있었을 것이다. 역자 또한 치료자로서 확신을 갖고 내담자를 맞았던 처음의 태도는 온데간데없이 사라지고 밀려오는 불안감과 당혹감을 어떻게 감당해야 할지 몰라 난감했던 적이 한두 번이 아니었다. 역자의 경험에 비추어 보면, 인지행동치료는 이론의 간명함에 비해서 실제 임상장면에 적용하는 과정은 훨씬 복잡하고 많은 어려움을 초래할 수 있는 치료이론이다.

이 책은 현대 인지행동치료의 출발점이라고 해도 과언이 아닌 합리적 정서행동치료(REBT)의 핵심적인 철학과 이론, 치료방법에 대해서 명확하게 잘 소개하고 있다. 뿐만 아니라 다양한 사례를 통해서 REBT를 유연하고도 효과적으로 적용할 수 있도록 안내하고 있어, 인지행동치료를 적용하는 과정에서 경험할 수 있는 불안감과 불필요한 시행착오를 많이 줄여 줄 것으로 기대된다.

번역하는 과정에서 노년에 접어든 한 심리치료 대가의 원숙함과 유연함, 그리고 치료자로서의 겸손함을 느낄 수 있었으며, 오늘날 전 세계 심리치료자를 매료시킨 REBT의 철학적인 깊이에 다시 한 번 감탄할 수 있었다. REBT는 세상이 나를 중심으로 나를 배려하면서 돌아가야 한다는 이상주의적이고 자기중심적인 환상에 길들여진 인간 욕구에 거침없이 직면시켜 주고, 쓰디쓴 현실을 감내하고 희망 속의 두려움에 맞설 수 있는 진정한 용기를 갖게 해 준다. 모진 현실의 시련 속에서 남모를 무력감과 울분에 고통받고 있는 분에게도 이 책은 힘이 될 수 있을 것이다. 역자는 어떤 심리치료 이론도 치료자를 대신해 주지는 못한다고 생각한다. 이 책에서 소개된 REBT 이론이 심리치료자 개인의 기호에 맞게 잘 선별되고 소화되어서 치료자 개인의 치료이론으로 재창조될 수 있기를 바란다.

끝으로 이 책을 추천해 주시고 번역되어 나오기까지 많은 관심과 격려를 보내 주신 서울대학교 권석만 교수님과 이 책의 출판을 허락해 주시고 지원을 아끼지 않으신 학지사 김진환 사장님께 진심으로 감사드린다.

2007년 7월
역자 씀

저자 서문

이 책은 정신건강 분야에 종사하는 이들에게 합리적 정서행동치료(REBT)를 알기 쉽게 소개하고자 쓰였다. 먼저 REBT가 언제, 어떻게, 어디서 시작되었는지, 그 이론의 철학적 배경은 무엇인지에 대해 알아보고, 심리적 문제의 발생과 유지에 대한 REBT의 관점에 대해서 살펴볼 것이다.

이어서 REBT가 상담이나 심리치료 장면에서 실제로 어떻게 적용되는지에 대해 소개할 것이다. 내담자에 대한 평가방법을 포함하여, REBT에서 흔히 사용하는 다양한 인지, 정서, 행동적 치료방법을 살펴볼 것이다. 독자의 이해를 돕기 위해 다양한 사례를 포함시켰다.

끝으로 우리는 REBT와 다른 이론의 통합이라는 주제를 다루었다. 이 책이 심리치료 분야에 종사하는 많은 사람에게 유익한 안내서가 되기를 바라며 더불어 상담의 즐거움도 더해 주기를 바란다.

저자 씀

차 례

제1장

합리적 정서행동이론: 개관

합리적 정서행동치료는 다음과 같은 기본 가정에서 출발한다. 인지, 정서, 행동은 서로 구분되는 인간의 기능이 아니며, 본질적으로 통합된 것이고 전체적인 것이다. 우리가 무언가를 느낀다고 말할 때에는 생각도 같이 떠오르며, 동시에 어떤 행동도 취하고 있다. 우리가 행동을 취하는 순간에도 감정과 생각이 수반된다. 우리가 생각을 하고 있을 때도 마찬가지로 감정과 행동이 수반된다. 아주 예외적인 순간 외에는 인간이 오로지 느끼기만 하거나, 생각만 하거나, 행동만 하는 경우는 거의 없다.

심리적인 문제를 겪는 사람은 역기능적이고 자기-파괴적인 방식으로 생각하고, 느끼고, 행동한다. 반면에 심리적인 문제를 잘 극복한 사람의 경우 거의 예외 없이 그의 생각과 기분, 행동이 변화된 것을 관찰할 수 있다. 엘리스(Albert Ellis)의 내담자인 수잔은 멋진 남자에게 다가가는 것에 대한 불안감이 너무 심해서, 댄스파티와 같은 사교 모임을 적극적으로 회피하고 있었다. 수잔은 남자를 '위험한 존재'로 지각했으며, 그들과 마주할 때 심한 불안감을 느꼈고 남자가 자신에게 다가오는 것처럼 보이면 피해 버렸다. 다시 말하면, 수잔은 남자를 '위험하다'고 생각하고, 남자를 만나면 불안을 느끼며 회피하는 행동을 보이고 있었다.

REBT를 몇 회 받은 뒤에 수잔은 자신에게 다음과 같은 생각이 자리잡고 있다는 것을 깨닫게 되었다. '멋진 남자에게 거절당해서는 절대 안 된다. 만약 거절당한다면 이는 내가 보잘것없는 여자이기 때문이다.' 수잔은 이와 같은 핵심 비합리적인 신념을 다음과 같이 바꾸었다. '나는 멋진 남자에게 거절당하고 싶지 않다. 그러나 만일 거절을 당한다 해도, 그것은 단지 이번 한 번의 거절을 의미한다. 거절당한 상황에서도 무언가를 배울 수 있으며, 아마도 다음번에는 더 잘할 것이다. 만에 하나 내가 매번 거절을 당한다 해도, 그것은 단지 내 인생의 중요한 영역 중 한 가지에서 어려움이 있다는 것을 의미한다. 그렇다면 눈을 좀 낮추면 되지 않겠는가?'

REBT 이론에서처럼 수잔은 핵심이 되는 부정적인 생각 중 하나를 변화시켰으며, 그 결과 불안감과 회피행동도 감소하였다. 다시 말해서, 비합리적인 생각의 변화가 불안과 공포 수준의 저하를 가져올 수 있다는 점이 입증되었다고도 할 수 있다. 수잔의 핵심 비합리적인 신념에 변화가 일어났다. 본인도 충분히 인식하고 있었는지는 알 수 없지만 다음과 같은 비합리적인 생각이 수정되었다. ① 멋진 남자는 '위험하다.' ② 그들에게 거절당하는 것은 '끔찍한 일이다.' ③ '누군가 나를 진정으로 좋아하지 않는다면, 나는 결코 행복할 수 없다.' ④ '위험을 무릅쓰고 접근했다가 거절당하면, 나는 완전히 무가치한 사람이 될 것이다.' ⑤ '만약 내가 덜 멋진 사람과 교제하면, 사람들은 내가 눈을 낮추었다고 생각하며, 나를 패배자로 볼 것이다.'

수잔이 지닌 신념은 복잡하며, 다른 부정적인 신념과 밀접한 관련을 맺고 있다. 그래서 한두 가지 부정적인 신념이 변화될 때, 연쇄적으로 다른 신념도 변화될 수 있다. 인지적 변화에 수반해서 수잔의 심한 불안감도 걱정 수준으로 그 정도가 약해졌다. 걱정은 부정적인 감정이지만 비교적 건강한 감정으로, 수잔이 남자를 만날 때 걱정하는 수준이라면(심한 불안 대신) 다소 겁은 나더라도 남자와 대화는 할 수 있으며, 설령 거절당하더라도 약간의 아픔과 실망감 이상의 고통을 느끼지는 않을 것이다. 비합리적 신념이 합리적 신념으로 바뀐 뒤에, 수잔은 남자의 접근을 좋아하게 되었고 그들과 즐겁게 대화하면서 긍정적인 기분을 경험할 수 있게 되었다.

수잔의 행동도 눈에 띄게 달라졌다. 자신은 절대로 남자에게 거절당해서는 안 되고, 거절은 곧 자신의 무가치함을 의미한다는 신념을 버리자, 다음과 같은 여러 가지 새로운 행동이 나타났다. ① 멋진 남자와의 눈 맞춤을 피하지 않고, 그들을 마주 볼 수 있게 되었다. ② 몇 명의 남자에게는 먼저 다가갈 수 있었다. ③ 그들에게 자신을 소개할 수 있었다. ④ 그들과 즐겁게 이야기할 수 있었다. ⑤ 데이트 신청을 할 수 있었다.

REBT에 따르면 생각, 감정, 행동은 복잡하게 연결되어 있으며, 다양한 방식으로 존재하고, 서로에게 상당한 영향을 미치고 있다. 엘리스는 이런 견해를 50여 년 전에 다음과 같이 설명했다.

> "존은 퍼즐에 대해서 생각하고 있다."라는 말보다 더 정확한 표현은 "존은 퍼즐을 지각하고-움직이고-느끼고-생각하고 있다."다. 그러나 퍼즐을 풀려고 하는 존의 활동 중 많은 비중이 그것을 어떻게 풀 것인가를 궁리하는 데 집중되어 있고 퍼즐을 보거나 움직이거나 느끼는 일은 부수적으로 일어난다는 점에서 우리는 존의 생각을 중점적으로 강조하는 것이다. 정서는 단일한 것이 아니다. 그것은 다양한 현상이 긴밀하게 관련을 맺고 있는 것으로, 현상의 전체적인 통합 내지는 조합이다(Ellis, 1958, p. 35).

통합적이고 절충적인 REBT

REBT에서는 비합리적인 신념을 합리적인 신념으로 대체함으로써 정서적 및 행동적 기능을 함께 증진시키려 하는데, 이 과정은 항상 통합적으로 이루어진다. REBT는 여러 가지 중다양식적(multimodal)(Lazarus, 1989) 방법을 활용한다. REBT는 인지적, 정서적, 행동적 요소를 통합하며, 내담자로 하여금 이런 요소가 서로 간에 중요한 영향을 미치고 있음을 깨닫도록 돕는다.

REBT는 여러 가지 고유하고 독특한 이론에 기반한 치료방법이다. REBT 고유의 이론은 이후의 장에서 자세히 소개될 것이다. 이와 같이 REBT는 독특한 이론적 배경을 지니고 있는 치료이기 때문에 단순히 '절충적' 인 치료라 말하기 어렵다. 그럼에도 불구하고 REBT에는 여타 다른 치료체계의 중요한 부분이 다수 통합되어 있다.

프로이트 학파에서처럼 REBT에서도 내담자의 무의식적 동기와 방어체계를 드러내어 다룬다. REBT는 융 학파의 자기실현 개념을 받아들이고 있다. 인본주의 학파에서처럼 REBT는 무조건적인 긍정적 존중이나 전적인 수용을 중요시한다. 아들러 학파와 마찬가지로 REBT는 내담자의 변화를 열성적으로 격려한다. 스키너 학파 및 행동치료자와 마찬가지로 REBT는 적극적이고도 지시적으로 숙제를 부여하고, 조작적 조건형성, 노출 및 둔감화 기법을 활용한다. 게슈탈트치료자와 마찬가지로 REBT는 체험적인 기법, 참만남(encounter), 감정 중심적 기법을 적용한다. 드물기는 하지만 합리적인 것을 꺼려 하는 내담자에게는 비합리적이고 마술적인 기법을 사용하기도 한다.

REBT는 여러 치료 이론의 다양한 측면을 통합하고 있으며, REBT에서 일반적으로 사용되는 기법을 거부하는 내담자에게는 다양한 기법을 절충적으로 적용하고 있다. 다른 치료적 접근과 REBT의 통합에 대해서는 8장에서 자세히 논의할 것이다.

4 REBT의 효과성

엘리스는 심리치료를 좀 더 효과적으로 하기 위해서 REBT를 최초로 창안했다. 그는 REBT에 관한 첫 논문(Ellis, 1958, p. 49)에서 다음과 같이 예견한 바 있다. "합리적 분석을 지향하는 심리치료가 … 현재 광범위하게 적용되고 있는 합리적이지 않은(non-rational) 치료나 준합리적인(semi-rational) 치료에 비해, 여러 유형의 내담자에게 더욱 효과적이라는 사실이 입증될 것이다." 지난 40여 년간 발표되었던 REBT와 인지행동치료(cognitive behavior therapy: CBT)의 치료효과에 대한 수백 편의 연구는 이런 예견을 부분적으로 지지하고 있다. 그러나 부분적으로만 지지되고 있다는 점을 상기해야 할 것이다.

먼저 REBT에서는 사람들이 합리적인 신념과 비합리적인 신념을 모두 가지고 있는데, 비합리적 신념이 깊이 뿌리내리고 있고, 그 수가 많을 때 더 많은 고통을 겪게 된다고 가정한다. 이 가정은 1,000편이 넘는 연구논문을 통해서 지지되었다(Clark, 1997; Glass & Arnkoff, 1977; Schwartz, 1997). 이런 연구에 따르면 비합리적인 신념과 정서적 어려움은 유의한 상관을 보였다. 이와 같이 REBT의 첫 번째 중요한 가정은 많은 입증 근거를 갖고 있다.

엘리스의 두 번째 이론적 가정은 다음과 같다. REBT에서는 치료 또는 자조(self-help) 절차를 통해서라도 사람들이 자신의 비합리적인 신념을 합리적인 신념으로 변화시킬 때, 심리적인 고통이 유의미하게 감소할 것이라고 가정한다. 이런 가정도 많은 경험적 연구를 통해서 검증되었다. REBT의 효과에 대한 250편 이상의 통제된 연구에서 긍정적인 효과가 보고되었다(McGovern & Silverman, 1984; Lyons & Woods, 1991; Silverman, McCarthy & Mc-Govern, 1991). 여러 종류의 인지행동치료의 효과에 대해 1,000편 이상의 논문이 출판되었는데, 그 대부분에서도 역시 긍정적인 효과를 보고하고 있다(Dobson, 1989; Hollon & Beck, 1994). 행동치료를 제외한 그 어떤 심리치료도 이와 같은 연구 결과를 보고하지 못하고 있다. 또한 오늘날 행동치료는 많은 인지적 방법을 포함하고 있다.

REBT와 CBT는 상당한 경험적 지지를 얻고 있으며, 다양한 내담자에게 널리 효과를 보인다는 점이 입증되었다. 현재 REBT와 CBT의 여러 측면이 다른 치료체계에 흡수되고 있다.

REBT의 기원

REBT의 기원은 엘리스가 정신분석을 그만둔 1953년으로 거슬러 올라간다.

> 지난 6년간 나는 정신분석을 해 왔지만, 정신분석이 환자에게 그다지 많은 도움을 주지 못한다는 것을 깨달았다. 기껏해야 환자에게 그들이 겪는 심리적 고통의 정신역동적인 측면을 볼 수 있도록 도울

뿐이었고, 그들의 자기패배적인 삶을 멈추게 하는 생각과 감정과 행동의 변화를 일으키지 못했다. 정신분석을 통해 환자는 자신이 어째서 이런 문제에 처하게 되었는지는 이해할 수 있었지만, 이것을 어떻게 변화시켜야 할지는 알지 못했다.

한 내담자는 자신이 그간 무의식적으로 아버지를 증오해 왔으며, 자신의 아버지와 유사한 면을 지닌 직장상사나 다른 남자에게 아버지에 대한 증오를 '전이' 시켰다는 것을 깨달았다. 이런 깨달음에도 불구하고, 그는 부유하고 지배적인 아버지나 강력하고 지시적인 상사에게 저항하기 위한 목적으로 행해지는 자기파괴적인 행동을 멈출 수 없었다. 자신의 어려움에 대한 극적인 통찰이나 그에 따른 강렬한 감정은 깨달음 이상의 도움을 주지는 못했다.

통찰이나 억압된 감정의 표현이 더 이상 치료적으로 작용하지 않는 사례를 접하면서, 엘리스는 심리치료에 대해 새로운 견해를 갖게 되었다.

나는 정신분석훈련을 받기 이전, 특히 성치료와 부부치료를 배우던 시절을 회상하며 환자에게 숙제를 부여하고 기술훈련을 시키기 시작했다. 그런데 이런 개입이 정신분석보다 효과적인 것으로 드러났다. 특히 어린 시절에 대한 상당한 통찰에 이르렀음에도 불구하고, 이런 통찰을 타인과의 관계에 적용하지 못하는 사회공포증 환자에게 새로운 방법을 적용하여 큰 효과를 보았다. 그들에게 몇 주간 실제 장면 노출을 통한 둔감화와 함께 대인관계 훈련을 실시하였을 때, 1년 이상의 정신분석보다 더욱 좋은 효과를 보았다. 이것은 놀라운 일이었다. 이후 나는 분석적인 치료를 하는 중에 행동적인 방법을 간간히 병행하기 시작했다.

이 과정에서 더욱 값진 성과는 내가 통찰이라는 개념에 대한 새로운 시각을 갖게 된 점이다. 일부 내담자는 통찰에 이르게 되면, 이제는 더 이상 어린 시절의 미성숙한 반응을 되풀이할 필요가 없다는 것을 깨닫게 되며, 부모를 용서하고 앞으로 나아간다. 그러나 상당수의 내담자는 동일한 수준의 통찰에 이르렀음에도 아무런 호전을 보이지 않는다. 그들은 여전히 부모와 자신을 증오한다. 전통적인 통찰을 많이 끌어낸 사람도 깊이 있고 지속적인 성격의 변화를 보이지 않는 경우가 많았다. 환자는 자신의 나쁜 과거를 찾아내었지만, 그것만으로 긍정적인 변화가 생기지는 않았다. 실제로 일부 환자의 경우 치료과정에서 부정적인 경험과 화해하고 앞으로 나아가는 적절한 단계를 밟지 않을 때, 전혀 도움이 되지 않는 극심한 자기연민을 품게 되거나 통찰 지향적인 치료과정 자체가 또 다른 외상경험이 되기도 하였다.

이런 부정적인 치료 경험에 대해서 진지하게 돌아보면서 나는 당시 대부분의 치료형태에서 지향하는 통찰이 사실상 내담자에게 별로 도움이 되지 않는다는 것을 깨달았다. 그 통찰은 과거의 공포와 상처에서 벗어나 내담자가 지금은 어떻게 해야 하는지, 당시에 그 문제를 해결하기 위해서 내담자가 어떻게 했는지, 어린 시절의 상처와 두려움을 내담자 스스로 어떻게 키워 나갔는지에 대해서는 알려 주는 것이 없다. 내담자가 처음 왜 그렇게 혼란스러웠는지와 그 혼란감을 유지시키고, 심지어는 더 악화시키기 위해서 내담자가 지금까지 무엇을 하고 있었는지에 대한 통찰이 필요하다.

나는 원래 철학에 많은 관심을 가지고 있었다. 특히 인간의 행복에 대해 말하는 철학을 좋아해서, 16세 이후부터 취미 삼아 살펴보고 있다. 그간 품어 왔던 풀리지 않는 의문점에 대한 답을 얻기 위해 여러 철학자의 다양한 저술을 읽고 또 읽어 보았다. 그리고 드디어 답을 얻었다. 여러 철학자, 그중에서도 특히 부처, 노자와 같은 고대 동양의 철학자와 에피쿠로스, 에픽테토스, 마르쿠스 아우렐리우스와 같은 고대 그리스 로마 철학자는 정신분석학자와 행동주의자가 간과해 왔던 사항을 명료하게 인식하고 있었다. 인간은 단지 외부의 영향만으로 고통받는 존재가 아니며, 스스로 역기능적인 사고, 감정, 행동을 상당 부분 결정하고 유지한다는 점에서 구성주의자(constructivists)다. 에픽테토스는 2,000여 년 전에 벌써 이 점을 분명히 밝히고 있다. "사람은 벌어지는 사건이 아닌, 그 사건에 대해서 갖는 관점 때문에 고통받는다." 이것이야말로 현상학이요, 구성주의요, 포스트모더니즘이 아닌가! 나는 2000년이 지난 1950년대에 어두운 곳에 묻혀 있던 에픽테토스를 끌어내어 세상에 알리게 되어 얼마나 기쁜지 모른다.

REBT의 역사

앞서 언급한 철학적 토대 위에, 나는 1953년부터 1955년에 걸쳐 새로운 심리치료 이론을 개발하여, 1955년 1월 합리적 치료(Rational Therapy)를 세상에 소개하였다(Ellis 1957a, 1957b, 1958). 나는 심리적 고통을 ABC 이론으로 설명하였다. 사람들은 혐오적인 사건(A)을 만났을 때, 심한 불안이나 우울감과 같은 고통스러운 결과(C)를 보인다. 이와 같은 역기능적인 결과는 A와 신념체계(B)가 함께 만들어 낸 결과다. 이를 다음과 같이 기술할 수 있다.

$$A \times B = C$$

ABC 이론은 정신분석이나 조건형성 이론, 1955년에 널리 보급된 정서문제에 대한 여타 이론과 많은 점에서 다르다.

심리치료에 인지적 개념을 도입하는 것은 전혀 새로운 일이 아니다. 이미 20세기 초에 여러 치료자(Janet, 1898; Dubois, 1907; Adler, 1929)가 인지적 개념을 치료에 적용한 적이 있다. 그러나 1950년대에는 정신분석이 워낙 압도적인 인기를 모으고 있었고 그와 함께 조건형성 또한 많은 인기를 누리고 있었던 터라, 이 시기에 인지적 개념은 별로 주목을 받지 못했다. 내가 처음 합리적 치료의 ABC에서 B를 강조했을 때, 이를 동의하고 따르는 사람은 극소수에 불과했다. 나는 나의 신념(다른 치료자의 지지를 받는 것이 좋은 일이기는 하지만, 반드시 그런 지지를 받아야 하는 것은 아니다.)에 토대하여 스스로를 격려하며 많은 반대를 무릅쓰고, 인지행동치료(CBT)의 선구자로서 REBT를 널리 알리기 위해 노력해 왔다. 1960년대에는 몇몇 능력 있는 치료자(Glasser, 1965; Beck, 1976; Bandura, 1997; Meichenbaum, 1977)가 그들만의 CBT를 만들어 이런 노력에 동참하였다.

합리적 치료를 통해 인지의 중요성을 강조한 면도 혁신적이라고 할 수 있지만, 그와 함께 인지적인 면과 행동적인 면을 결합시키는 시도 역시 최초로 이루어진 것이었다. 이 점에서 보자면 합리적 치료(RT)는 최초의 인지행동치료라 할 수 있다. 이런 결합을 시도한 데에는 19세 이후로 나를 괴롭혀 왔던 문제인 발표공포증과 사회불안을 치료하기 위해 존 B. 왓슨(Watson, 1919)의 행동 기법을 스스로에게 적용한 것이 계기가 되었다. 나는 1953년 이후로 나 자신을 정신분석가라고 부르지 않았으며, 당시 나는 이미 행동적 방법을 치료에 종종 활용하고 있었다. 그러다 1955년에 합리적 치료를 발표하면서 행동적 방법을 합리적 치료 안으로 통합시킴으로써 나는 인지행동치료의 개척자가 되었다.

1956년 8월 31일에 발행되었던 『American Psychological Association Convention』이라는 저널에 기고한 논문에서도 밝힌 적이 있지만, 합리적 치료는 적극적이고 지시적이며, 직면적이고 정서적인 치료다. 그러나 그 명칭으로 인해 많은 치료자가 합리적 치료의 정서적인 면을 간과하곤 했다. 1961년에 나는 뛰어난 동료였던 로버트 하퍼(Robert Harper)와 함께 합리적 치료라는 명칭을 합리적 정서치료(Rational-Emotive Therapy: RET)로 바꾸었다. 레이먼드 코시니(Raymond Corsini)는 그 후 20년이 넘도록 그 명칭에 문제가 있다며 명칭에 대한 반대의사를 줄기차게 표명해 왔다. 그의 주장은 RET는 행동적인 면이 강하므로 합리적 정서행동치료라고 부르는 것이 옳다는 것이었다.

RET가 1960년대에 상당히 유명해지면서, 나는 코시니의 견해를 거부해 왔다. 하지만 결국 나는 그가 옳고, 내가 틀렸음을 인정하게 되었다. 1993년 공식적으로 합리적 정서치료는 합리적 정서행동치료(Ellis, 1993)로 개명되었다. 내 생각으로는 앞으로 더 이상의 개명은 없을 것 같다. 새로운 명칭은 이 치료의 종합적이고, 통합적이며, 중다양식적인 면을 정확하게 반영하고 있다.

제2장

REBT의 철학과 성격이론

REBT는 두 가지 이론에 기초하고 있다. 첫째는 REBT의 철학적 관점과 인간의 성격과 장애에 대한 일반적인 이론이고, 두 번째는 치료적 변화에 대한 이론이다. 이 이론들은 주요 측면에서 서로 통합되어 있다.

이 장에서는 REBT의 철학적 관점과 성격에 대한 몇 가지 의문을 중심으로 다루고자 하며, 이에 더해서 심리적으로 취약한 사람이 있는 이유에 대해서도 함께 살펴볼 것이다.

4 포스트모던 철학과 REBT

엘리스에 따르면 REBT는 논리실증주의에 기원을 두고 있다. 논리실증주의에서는 진리가 절대적이지도 순수하지도 않으며, 인간은 과학자처럼 어떤 상황의 사실을 발견하고 그 사실에서 결론을 도출해 냄으로써 진리에 접근한다고 보았다. 진리는 단지 일시적인 것으로, 칼 포퍼(Popper, 1985)의 말처럼, 많은 근거 자료에 의해 지지되었던 가설이라 하더라도 후에 그 가설과 배치되는 새로운 사실이 추가로 발견되면 언제든지 그 가설은 기각될 수 있다.

논리실증주의는 몇몇 학자(Popper, 1985; Bartely, 1984; Mahoney, 1991)에 의해 그 한계가 지적되었는데, 특히 포스트모더니스트 사상가(Derrida, 1976; Feyerband, 1975; Gergen, 1995)의 비판이 가혹했다. 이들에 따르면 '사실' 과 '진리' 는 언제나 사람에 의해 확인되는 것이기 때문에 결국 진정으로 '객관적' 혹은 '진실한' 실체는 존재하지 않는다. 엘리스는 현상학자이고 실존주의자로서 과격하지 않고 온건하게 포스트모더니스트적인 입장을 취하고 있다. 절대적인 당위성(musts and shoulds)을 거부함으로써 절대적 진리를 인정하지 않는다는 점에서 REBT는 포스트모던의 주요 관점과 맥을 같이 하고 있다. 다음에 소개한 '적극적이고 지시적인 상담과 심리치료에 대한 포스트모던 윤리강령(ethics)' (Ellis, 1997)에서 REBT의 그런 특징을 잘 엿볼 수 있다.

① 의심의 여지가 없는 객관적인 실체가 엄연히 존재할 것이다. 하지만 우리는 그것을 인간의 지각을 통해서만 인식할 수 있는데, 불행히도 인간의 지각은 오류가 많고 주관적이며 불안정하다. 강한 확신을 갖고 행동할 수는 있겠지만, 객관적 실체가 무엇인지, 그것이 어떻게 될지에 대해서는 그 누구도 확실성을 보장할 수 없다.

② 켈리(Kelly, 1955)가 언급한 것처럼 선과 악, 옳고 그름, 정상과 비정상에 대한 관점은 대부분 개인적이고 사회적인 개념적 구성물(constructions)이다. 보편적인 진리를 찾는 것은 불가능하며 모든 윤리적인 신념도 개념적으로 구성된 것에 불과하다.

③ 인간 성격의 일부분은 태어날 때부터 한계를 갖고 있기는 하지만, 대개는 사회적 관계를 통해서 영향을 받고 후천적으로 개발되며 상호적인 특성을 갖는다.

④ 사람은 양육 문화에 의해 상당히 영향을 받고 조건화된다. 사람들의 행동은 놀라울 정도로 다문화적이며, 다양한 문화 중에서 어떤 것이 다른 것보다 더 좋거나 나쁘다든가 옳거나 틀리다고 할 수 있는 결정적인 증거는 어디에도 없다(Ivey & Ragazio-DiGilio, 1991; Sampson, 1990). 선과 악에 대한 생각이 흔히 존재하고 경직되게 유지되지만, 이들은 부정확하고 제한적이며 편견이 섞이기 쉽다. 인간의 모습을 좀 더 열린 마음으로 바라보면 선과 악으로 구분하기 어렵고 양쪽 모두를 인정할 수밖에 없다. 문제를 한 가지 방식이나 흑백 논리로 해결하려는 데는

문제가 많다. 우리는 많은 대안과 해결책을 고려하는 것이 좋으며, 이들이 얼마나 좋고 나쁜지는 검증을 통해 확인할 부분이다.

5 어떤 목표와 의도를 가지느냐에 따라 문제에 대한 해결책 또한 달라진다. 논의의 여지는 항상 있으며 결코 절대적인 것은 없다. 어떤 목표와 의도를 가질지는 서로 합의에 이를 수 있지만 무엇이 더 좋고 나쁜지에 대해서는 어떤 절대적인 일치도 있을 수 없다.

REBT가 때로 비구성주의적으로 인식되기도 했으나(Guidano, 1991; Mahoney, 1991), 실제로는 구성주의적인 면이 두드러진다. REBT는 사람들이 유연하고 적응적인 방식으로 생각하고 행동할 것을 강조한다. 문제가 되는 경직되고 절대적인 당위적 신념은 문화 속에서 학습되기도 하지만 또한 창의적이고 생물학적인 성향에 의해 만들어지기도 한다. REBT에서는 내담자가 핵심적인 역기능적 철학을 갖게 된 배경을 인식하도록 돕고, 생각을 통해서, 생각에 대한 생각, 생각에 대한 생각에 대한 생각을 통해서 역기능적 철학을 건설적으로 변화시키는 방법도 알려 주려고 노력한다(Dryden, 1995; Ellis, 1994, 1996; Ellis & Dryden, 1975; Ellis, Gorden, Neenan, & Palmer, 1998). 구성주의적이고 실존주의적인 입장의 학자들(Heidegger, 1962; Tillich, 1953; Rogers, 1961)은 인간이 행동을 선택할 수 있는 한 가치 있는 존재로 정의될 수 있다고 보는데, 이런 입장은 자기가

치감 문제를 다루는 REBT의 입장과도 일치하는 것이다. REBT는 장애를 초래하고 문제해결을 손 놓고 있게 만드는 무의식적이고 잘 드러나지 않는 과정에 개입한다. 사람들은 자신을 재구성하고 변화시킬 수 있는 능력을 상당히 타고나는데, REBT는 개인이 치료자와 협력해서 직접적이면서도 적극적으로 그런 능력을 발휘할 수 있도록 돕는다. REBT는 유연하면서도 독단적이지 않은 관점에서 과학적인 가설을 만들고 이의 검증과 초래될 결과를 평가하는 가치체계와 기준이 경험적인 탐색에 의해 이루어져야 함을 강조한다.

4 REBT의 치료 철학

앞에서 언급했듯이, REBT 이론의 상당 부분은 심리학보다는 철학에 뿌리를 두고 있다. REBT는 인지적, 정서적, 행동적 이론이며, 결코 지적인 작업만을 강조하지는 않는다. 물론 구체적인 비합리적 신념과 부정적인 자동적 사고를 논박하고 좀 더 적응적일 수 있게 수정하기도 하지만 그보다 중요한 것은 내담자의 근본적인 철학적 변화를 도모한다는 점이다. '긍정적 사고' 라고 불리는 것을 강조하지도 않으며, 부정적 사고를 무조건 낙관적 사고로 대체하려고도 하지 않는다.

예를 들면 도널드는 동생, 데이비드를 속여 어머니가 물려주신 돈을 빼돌렸으며 그 때문에 자신이 나쁜 사람이라고 생각했다. 어머니

유언장의 집행자인 그는 부동산을 처분하는 비용이라며 불법적으로 수천 달러를 빼돌려 챙겼으며 데이비드는 순진하게도 이를 그대로 믿었다. 1년 후 도널드는 그 일로 자신을 '파렴치한 도둑' 이라 자책하며 자신의 행동을 몹시 수치스러워했다. 그는 자신을 심하게 학대했으며 결국 우울증에 빠졌다.

도널드는 최면치료자를 몇 번 만나 긍정적으로 생각하도록 도움을 받았는데, 그가 이전에 좋은 행동을 많이 했으며 데이비드를 속인 것과 같은 나쁜 행동은 아주 적다는 생각을 강화받았다. 그는 '나는 나쁜 짓보다는 선한 행동을 훨씬 많이 했기 때문에, 나는 기본적으로 좋은 사람이다.' 라는 긍정적인 생각을 속으로 몇 번이고 반복했다.

하지만 이런 식으로 긍정적으로만 생각하는 것은 그 효과가 단기적이었으며, 그는 곧 다시 죄책감에 시달렸고 우울해졌다. 그 후 그는 긍정적 사고에 대한 환상을 버리고 REBT를 받기 위해서 엘리스를 찾았다. 당시 그는 다음과 같은 비합리적인 생각에 빠져 있었다. '나쁜 행동은 절대 해서는 안 된다. 선행이 악행에 대한 면죄부를 주지 않으며, 악행은 절대 용납되어서는 안 된다. 데이비드를 속인 것과 같은 몹쓸 악행으로 인해 나는 구제불능인 저질 인간이 되고 말았다. 나는 고통받아 마땅하고 우울한 것은 당연하다. 내가 이런 고통을 충분히 감내하는 것만이 내가 좋은 사람으로 거듭날 수 있는 길이다. 나는 정말 나쁜 인간이다!'

긍정적으로 생각하려고 애쓰는 동안 도널드는 나쁜 행동은 절대해서는 안 된다는 경직된 생각과 자기비하적인 생각에서 잠시 벗어날 수는 있었지만, 그런 생각 자체를 없앨 수는 없었다. 엘리스에게서 REBT를 받으면서 그는 자신의 비합리적 신념을 적극적으로 논박하고 그것들을 완전히 던져 버리려고 노력했다. 이에 더해서 '수치심 깨뜨리기 작업(shame-attacking exercises)'을 하면서 동생 데이비드에게 그가 한 일과 지금의 심정을 솔직하게 얘기해 보도록 자신을 격려했다. 그 결과 도널드는 다음과 같은 몇 가지 핵심 철학에 눈을 뜨게 되었으며 이를 자신의 것으로 받아들이게 되었다. ① '어떤 나쁜 행동도 하지 않을 수만 있다면 정말 좋겠지만 그게 어디 쉬운 일인가? 내가 어떤 나쁜 행동도 절대 해서는 안 된다는 것은 합리적인 요구가 아니다.' ② '나도 인간이라 실수를 할 수 있다. 때로는 좋지 못한, 나쁜 행동을 할 수 있다. 나는 절대 실수를 하지 않는 사람이 되려고 하기보다는 실수를 그나마 적게 하는 사람이 되려고 노력하겠다.' ③ '내가 나쁘게 행동한 것이 나라는 인간 전체가 나쁘다는 것을 의미하는 것은 아니다. 그 경우 나는 단지 한 가지 나쁜 행동을 했을 뿐이다. 다시는 그런 나쁜 행동을 하지 않으려고 노력하면 된다. 그것으로 족하다.'

도널드는 REBT 동안 비합리적 신념을 논박하고 그것과 맞지 않게 행동해 보고, 문제가 되는 자신의 생각, 감정, 행동을 찾아 분석해 보았다. 그 결과 핵심적인 합리적 신념, 즉 근본적으로 효율적인 새로운 철학(profound Effective New Philosophies)을 깨달을 수 있었으며, 그러고 난 다음에야 그는 우울에서 벗어날 수 있었고 침울함이 줄어들었다. 그는 단지 일시적으로 기분이 좋아진 것이 아니라 근본적으로 좋아졌다. REBT에서는 근본적인 철학적 변화를 시도하는데, 인생을 살아가는 개인의 관점을 근본적으로 변화시키고 이를 지속적으로 유지할 수 있도록 돕는다. 이는 부정적인 자동적 사고를 변화시키는 데 그치지 않고 개인의 핵심적인 비합리적 신념을 변화시키는 것이다. 그렇게 해야 근본적인 수준에서 사고의 전환이 이루어질 수 있다.

4 REBT의 다문화성

REBT는 범문화적으로 적용이 가능하며 동일 문화권 내의 소수 집단에 속한 사람에게도 잘 수용된다. 이는 REBT가 절대적이고 경직된 사고를 배척하고 개인이나 집단이 다양한 선호, 목표, 욕구, 가치기준을 가질 수 있음을 적극적으로 인정하기 때문이다. 자신들의 문화를 절대적으로 따라야 한다고 독단적으로 주장하지만 않는다면, REBT는 그 문화를 지지하고 존중한다. 가족, 문화, 종교, 정치 등에서 다른 입장을 갖더라도 내담자가 법을 어기거나 다른 사람에게 피해를 주지 않는다면, REBT는 그의 입장을 존중한다. 하지만 목표나 가치기준을 맹목적이고 강제적으로 타인(혹은 자신)에게 강요할 경우, REBT에서는 개인 내적인 혹은 사회적인 갈등이 초래될 수 있음을 강조하고 있다. 따라서 개인의 규칙이나 문화적인 규칙을 따르도록 하고 싶더라도 경직되게 강제적으로 요구하거나 명령해서는 안 되며, 선호나 바람을 강하게 표현하는 정도에서 그치는 것이 대개는 최선이다.

극단적으로 당위적인 명령에 스스로를 묶어 놓지만 않는다면 REBT 치료자는 내담자가 자유롭게 자신의 목표와 가치를 실현할 수 있도록 돕는다. 극단성과 경직성은 흔히 개인적 및 사회적 목적을 달성하는 데 오히려 방해가 되며, 반면에 유연하면서도 엄격함을 잃지 않는 기준은 목적 달성에 도움을 준다. REBT는 다른 배경이나 문화, 종교적 지향을 가진 내담자를 비판적으로 보지 않고 가능한 한 폭넓게 충분히 수용하고자 한다.

4 합리성과 비합리성에 대한 REBT의 정의

어떤 사람은 합리적이라는 말을 '나쁜 단어'로 보기도 한다. 사람에 따라 다양한 의미로 합리적이라는 말을 사용하며, 그 의미 중 일부는 합리적으로 보이지 않을 때도 있다.

REBT에서는 합리적이라는 것을 감정이 배재되었다는 의미로 사용하지는 않는다. REBT를 처음 접하는 내담자가 다음과 같은 이야기를 할 때가 있다. "선생님은 제가 아무것도 느끼지 않았으면 하는 것처럼 여겨집니다. 선생님은 제가 감정이라고는 전혀 남아 있지 않은 좀비처럼 살기를 바라십니까?" 천만의 말씀이다. 오히려 그 반대다. 합리적인 사람은 오히려 감정이 풍부하며, 삶에서 어려움을 겪을 때 몹시 안타까워하고 실망스러워하며 때로는 괴로워하기도 한다. 윈디 드라이든(Windy Dryden)에 따르면 합리적인 것은 자신의 목표와 의도한 것을 달성하는 데 도움이 되는 반면에 비합리적인 것은 목표와 의도한 바를 달성하는 데 방해가 된다(Dryden, 1984, p. 238). 즉, 합리적인 것은 자신을 이롭게 하고 비합리적인 것은 그 반대로 작용한다.

개인은 어떤 사회 집단에 속해서 살아가기 때문에, 합리적인 것은 그 집단이 유지되면서 집단의 목표를 달성하는 데 이로운 것이기도 하다. 반대로 비합리적인 것은 그 집단의 생존과 복지를 저해한다. 또한 합리성은 대개 개인과 공동체의 목적을 달성하는 데 효율적임을 의미하는데, 그렇다고 효율성과 합리성이 동일한 의미는 아니다. 자기 파괴적이고 사회 파괴적인 방향으로 효율적일 수도 있기 때문이다.

다시 말하지만 합리적이라는 말은 많은 의미를 갖는다. 그중에는 서로 대립되는 것도 있다. 내담자의 입장에서 보자면, 합리성은 자신이 원하는 것은 더 취하고 원하지 않는 것은 덜 취함으로써 자신에게 이롭다는 것을 의미한다. 한편으로 이는 공동체적인 관점에서 보자면 이기적인 것일 수도 있다. 때에 따라서 내담자가 자기 이익보다 사회 이익을 우선시할 수도 있다. 아들러(Adler, 1929)의 주장에 따르면 그런 모습은 공동체의 건강뿐만 아니라 개인의 정신 건강에도 어느 정도는 이로운 것이다. 아무리 개인주의적인 내담자라 할

지라도 타인에게 수용되기를 원하며, 그렇지 않을 경우 비참한 기분에 빠지기 쉽다. 그래서 개인의 정신적 적응을 위해서는 타인을 공정하고 친절하게 대하는 것이 좋다. 개인적인 입장과 사회적인 입장 모두를 위해서라도 개인의 이익과 사회의 이익 사이에서 적절한 균형을 유지하는 것이 합리적인 모습이다. 근데 이게 쉽지 않다!

포스트모더니스트이자 구성주의자의 입장에서 보자면, 우리는 합리성에 대한 절대적이고 본질적인 견해를 갖고 있지 않다. 이는 우리가 '선'과 '윤리'에 대해 뭐가 진리인지 분명한 견해가 없는 것과 마찬가지다. 우리는 '합리적' 목표에 대해서는 쉽게 동의할 수 있지만, 항상 합리적으로 행동한다는 것은 몹시 어려운 일이다. 내담자가 격노, 공포, 우울에서 조금이라도 벗어나고 싶어 한다면, 그들에게 REBT를 비롯한 여러 치료 기법을 적용해서 그들을 도울 수 있다. 자조적인(self-helping) 치료 기법은 합리성에 바탕을 두고 있으며, 다른 방법보다 많은 경우 더 효과적일 것이다. 하지만 모든 조건에서 모든 내담자에게 그것도 항상 그런 치료 방법이 '합리적'이고 '최선'일 거라고는 보지 않는다.

여러분이 REBT 치료 방법의 절대성과 보편성에 대해서 항상 의문을 갖고 있기를 바란다. 우리는 REBT의 치료 방법이 흔히 좋은 결과를 가져오기 때문에 사용한다. 하지만 REBT에 대한 비판적인 태도를 항상 잃지 않으면서 열린 마음을 갖고 있는 것이 치료자에게는 필요하다.

4 건강한/건강하지 못한 부정적인 감정

사람들이 살면서 힘들 때 경험하는 부정적인 감정은 건강한 것일 수도 건강하지 못한 것일 수도 있다. 감정을 경험하는 것은 자연스러운 현상으로 불쾌하거나 해가 되는 자극을 실제로 경험하거나 떠올리게 되면 자동적으로 감정이 일어난다. 이런 과정 자체는 인간의 '건강한' 모습이다. 만약 부정적인 감정을 느끼지 못한다면, 부정적인 자극을 줄이거나 피하려는 노력을 하지 못할 것이고 그러면 인간은 더 비참한 삶을 살게 되고 생존율도 더 낮아질 것이다. 물론 긍정적인 감정도 사람이 살아남아 생산적인 활동을 하도록 동기화시킨다.

REBT는 사람들이 긍정적이든 부정적이든 감정을 제대로 충분히 느끼도록 돕는다. 일부 치료자가 오해하듯이, REBT가 열정을 빼고 감정을 배제한 채 냉정만을 강조하지는 않으며, 또 그런 것을 '합리적' 인 것으로 보지도 않는다. 굳이 말하자면 REBT는 금욕주의보다는 쾌락주의를 더 선호한다.

그러나 뭔가 잘못되고 있을 때, REBT에서는 슬픔, 후회, 좌절, 괴로움과 같은 건강한 부정적 감정과 공황, 우울, 격노, 자기연민과 같은 건강하지 못한 감정을 분명히 구별하고 있다. 건강한 부정적 감정은 자신과 공동체에 이로운 행동을 하게끔 하는 반면에 건강하지 못한 부정적 감정은 개인의 행동을 마비시키거나 파괴적인 행동을 자극함으로써 잘못을 바로 잡으려는 행동을 더 어렵게 만드는 경향이 있다. 예를 들어 시험에 떨어질까 봐 걱정하면, 대개는 그렇게 되지 않기 위해서 더 열심히 공부하게 된다. 하지만 시험에 떨어질까 봐 거의 공황 수준으로 불안해지면, 시험을 효과적으로 준비하기가 어려워지고 결국 시험에 떨어질 가능성도 그만큼 더 높아진다.

그래서 REBT는 중요한 일이나 관계에서 원하는 것을 이루기 위해서 내담자가 열의를 갖도록 격려하지만, 강한 열망이 "나는 반드시 성공해야 한다. 그렇지 않으면 나는 무가치한 존재다."와 같은 절대적인 요구로 확대되지 않도록 조심해야 한다고 경고하고 있다. 그런 절대적인 요구는 역기능적인 부정적 감정, 특히 공황이나 우울을 초래하고 그 결과 건강한 열망 자체를 봉쇄해 버릴 수 있다.

REBT 이론에 따르면 한쪽에는 바람(desires)과 선호(preference), 다른 쪽에는 강요적 당위성(musts)과 요구(demands)가 있는데, 이 둘은 본질적으로 연결되어 있으며 실제로 모든 인간은 이 두 가지 성향을 다 가지고 있다. 우리 모두는 다양한 강도의 바람, 즉 가벼운 수준, 보통 수준, 아주 강한 수준의 바람을 가질 수 있는데, 이런 바람은 타고난 생물학적 이유와도 관련되고 가족 및 문화적 양육 과정의 영향에 따른 것이기도 하다.

REBT 이론에 따르면, 바람이 강할수록 그것을 타인에게 강요하고 명령하듯이 적용하려는 경향이 커진다. 타인이 자신을 좋아해 주길 바라는 욕구가 그렇게 크지 않을 때는, 누가 자기를 좀 싫어해도 견딜 만하다. 그런데 인정받고 싶은 욕구가 너무 강렬하면 "사람들은 나를 좋아해야만 한다! 그렇지 않은 것은 절대 참을 수 없으며 그것은 내가 호감 가는 사람이 아니라는 얘기다."라는 식으로 의식적인 혹은 무의식적인 요구를 타인에게 일방적으로 하기 쉽다.

강한 선호나 혐오가 내적인 명령으로 확대되는 이유는 아직 시원스럽게 밝혀지지 않았다. 한 가지 짐작할 수 있는 것은 원시시대와 같이 사회적 및 물리적 환경이 지금보다 훨씬 위험했던 시대에는 그런 경향이 인류의 생존에 더 도움이 되었을 것이라는 점이다.

생물학 그리고 인간의 이성적인 면과 비이성적인 면

일부 심리치료 이론에서는 인간의 심리적 장애가 대부분 학습되거나 조건형성된 것이라고 본다. 이에 비해 REBT에서는 인간은 태어날 때부터 합리적인 동시에 비합리적인 사고를 하도록 태어나며, 사회적 훈육에 의해서도 그렇게 길러진다고 가정한다. 분명히 인간은 대체로 합리적이며 자기를 도우려는 경향이 있다. 사실 그렇지 않다면 인간은 지금까지 생존하지도 못했을 것이다. 자신의 이익에 반하는 어려움과 역경(특히 생존을 위협하는)에 부딪히면, 인간은 창의적인 문제해결사가 된다. 즉, 인간은 타고난 건설적인 해결사(constructivists)다. 이는 태어나서부터 지속되는 본성이며 다른 생물체도 어느 정도는 공유하고 있는 부분이다. 하지만 인간은 몇 가지

점에서 다른 유기체와는 구별된다. 첫째, 인간은 좀 더 창의적이고 창조적으로 생각하고 느끼며 살아남기 위해서 이를 적극 활용한다. 둘째, 인간은 다양한 쾌락적인 활동(즉, 오락, 스포츠, 미술, 음악, 과학 등)을 하는데, 이는 생존에 도움이 되기는 하지만 그렇다고 생존을 위해 반드시 필요한 활동은 아니다. 셋째, 인간은 다른 동물보다 실리적이고 자기실현을 추구한다.

인간의 건설적인 해결사적인 측면만을 강조하다 보면 자칫 인간의 파괴적인 측면을 경시하기 쉽다. 인간의 방어적인 속성은 자신이 흔히 비이성적이고, 비도덕적일 수 있으며, 때로는 자신과 타인을 파괴할 수도 있다는 것을 인정하고 싶어 하지 않는다. 엘리스의 「인간의 비이성적인 면에 대한 생물학적 기초」(Ellis, 1976)라는 논문에 따르면, 인간이 비이성적으로 태어나고 양육된다는 것을 엄격히 증명하기는 어렵지만 이런 가설을 뒷받침해 주는 많은 증거가 있다.

1 모든 사람은 자신과 타인을 이롭게 하려고 노력하고 소망함에도 불구하고 실제로는 자신과 타인을 다양한 방법으로 못살게 굴기도 한다.
2 문화가 다른 집단은 여러 다른 목표와 가치체계를 갖고 있다. 이런 집단의 규칙과 기준은 절대적인 강요와 요구로 물들기 쉬워 그 자체가 비이성적인 경우가 많은데, 그로 인해 구성원은 심리적 장애를 보이며 스스로를 고통스럽게 만들기도 한다.
3 사람들은 부모, 동료, 대중매체를 통해서 자기에게 도움이 되

는 많은 이야기와 정보를 접한다. 하지만 여전히 일탈적이고 자기 파괴적인 인간의 행동은 줄어들지 않고 있다.

④ '어리석게' 행동하지 말라고 열변하는 사람들 자신도 그런 행동을 흔히 보인다. 불가지론자도 절대적인 철학을 가지고 있으며 종교적으로 엄격한 사람도 비도덕적인 모습을 보인다.

⑤ 알코올과 약물 남용 같은 행동이 자신에게 해롭다는 것을 누구보다도 잘 알고 있으면서도, 수백만의 사람이 여전히 알코올이나 약물을 남용하고 있다.

⑥ 습관적인 폭력과 도박에서 벗어나려고 많은 사람이 노력하지만, 그중 많은 사람은 다시 습관성 폭력과 도박에 빠져든다.

⑦ 사람은 폭식 같은 행동이 자신을 파괴한다는 것을 이성적으로는 알지만 이를 멈추지 못한다.

⑧ 누구보다도 그 방면으로 전문가인 심리치료자도 자신을 파괴하는 행동에서 헤어 나오지 못할 때가 빈번히 있다.

이처럼 우리 모두는 태어날 때부터, 그리고 길러지는 과정에서도 비이성적인 면을 상당히 갖게 되며, 자신에게 해가 되는 행동을 서슴지 않고 하기 쉽다. 다행히도 인간은 비이성적인 만큼 이성적이기도 해서, 자신의 비이성적인 사고에 대해서 생각할 수 있는(잘 발달된 언어를 통해서) 독특한 능력을 갖고 있다. 즉, 자신의 사고에 대해서 생각할 수 있고 또 거기에 대해서 생각할 수 있다. 따라서 인간은 건설적인 해결사임에 틀림없다.

여러분은 다음과 같이 자각시켜 줌으로써 자기비난적인 내담자를 도울 수 있다.

- 사람은 흔히 쉽게 패배적으로 생각하고 느끼고 행동할 수 있다.
- 사람은 자신을 건설적으로 변화시킬 수 있다.
- 사람의 타고난 자기학대성을 줄이기 위해서는 타고난 창의성을 개발하기 위한 많은 노력이 부단히 필요하다.

제3장

성격문제와 성격변화에 관한 REBT 이론

REBT는 장애를 어떻게 겪게 되고, 이를 없애거나 줄이기 위해서 어떻게 해야 하는지에 관한 구체적인 이론을 몇 가지 제안하고 있다. 이런 REBT의 이론 중에는 심리적 장애에 대한 다른 주요 이론과 겹치는 내용도 있는데, 이 장에서는 REBT 이론이 다른 치료 이론과 다른 점을 중심으로 소개하겠다.

4 심리적 장애를 왜 겪게 되는가?

심리적 장애는 워낙 다양하고 복잡해서 완벽하게 이해한다는 것은 거의 불가능하다. 장애는 인간의 건설적인(자조적인) 동시에 파괴적인(자기패배적인) 생물학적 성향에서 비롯되며, 또한 이런 성향과 환경적 조건 및 사회적 학습의 복잡한 상호작용의 결과이기도 하다. 사람들은 다양한 방식으로 장애를 보이는데, 이는 일면 각자가 처한 상황이 다르기 때문이기도 하다. 물론 우리는 심리적 장애를 일으키는 중요 이유를 개인에 따라서는 일부 찾을 수도 있겠지만, 장애를 초래하는 모든 원인을 알아낸다는 것은 사실상 어려운 일이다.

REBT는 인지, 정서, 행동이라는 세 가지 방식으로 장애가 나타난다고 가정한다. 이들은 상호작용하며 서로를 더 악화시키기 때문에 사람들은 인지적-정서적-행동적으로 자신과 타인을 괴롭힌다고 할 수 있다. 사람들은 사고, 정서, 행동 중 주로 한 가지 양식(반드시 한 가지라고만 할 수는 없지만)에서 특히 현저한 문제를 보이며, 그 외 다른 두 양식에서도 문제를 어느 정도 보이는 것이 일반적이다. 선천적으로든 사회적인 이유로든 거의 모든 사람이 어느 정도는 역기능적이다. 다만 그 역기능성의 정도와 종류가 다를 뿐이다. REBT는 불안, 우울, 분노와 같은 부정적 감정과 관련해서 인지적 요인의 중요성을 특히 강조하는데, 그 이유는 다음과 같다.

- 문제를 일으키는 인지(비합리적 신념)는 대개 쉽게 의식적인 접근이 가능하며, 이는 인지가 의식의 층 아래에 있더라도 마찬가지다.
- 비합리적 신념은 주요 정서적 및 행동적 문제에 영향을 주는 심층적이고 핵심적인 신념이다.
- 핵심 비합리적 신념을 변화시키는 것은 역기능적 감정과 행동에도 현저한 변화를 가져올 수 있으며, 이런 변화는 다른 영역으로까지 확산되기도 한다. 정서나 행동만을 변화시킬 경우, 이보다는 제한적인 향상을 가져올 것이다.
- 심층적인 철학적 변화는 특정한 심리적 어려움을 줄여 줄 뿐만 아니라 개인이 앞으로 겪을 수 있는 미래의 심리적 어려움에도 건강하게 대처할 수 있게 해 준다.
- 인지적 변화는 비교적 단기간에 걸쳐서 빨리 일어날 수 있다. 반면에 정서적 및 행동적 변화는 일반적으로 인지적 변화보다 더 많은 시간과 지속적인 노력이 필요하다.

이런 이유 때문에 REBT는 철학적인 방법을 강조하고 있지만, 변화를 촉진하고 강화해 주기 위해서 정서적 및 행동적인 방법도 함께 활용하는 것이 일반적이다. REBT에서는 치료의 처음 몇 회기는 심리적 장애에 대한 ABC 이론을 내담자에게 교육하는 데 할애하도록 권한다. B를 변화시킴으로써 심층적이고 지속적인 변화 C를 가져올 수 있는데, 이때 B는 신념체계에 해당되고 C는 장애가 되는 정서적 및 행동적 결과를 일컫는다.

ABC 이론은 REBT의 주요 인지치료 이론이다. 사람들은 행복하게 살고 싶고 고통에서 벗어나고 싶은 목적과 의지를 가지고 있다. 살면서 부딪히는 역경(Adversity, A) 때문에 이런 목적과 의지가 좌절되고 원하는 것을 얻지 못하거나 원하지 않는 일을 경험하게 되면 우리는 흔히 고통을 겪게 된다. 우리는 A(역경)에 어떻게 반응할지를 선택하는데, 어떤 사람은 슬픔, 후회, 좌절과 같은 건강한 부정적 감정으로 반응하는가 하면, 어떤 사람은 공황, 우울, 격노와 같은 건강하지 못한 부정적 감정으로 반응한다. 100%는 아니더라도 우리는 대개 B, 즉 자신의 신념체계를 스스로 선택한다. 자신을 이롭게 하는 합리적인 신념을 선택하면 건강한 감정과 행동이 반응으로 나타날 가능성이 높다. 이에 비해 건강하지 못한 비합리적인 신념을 선택하면 건강하지 못한 감정과 행동을 보일 가능성이 더 높다.

많은 내담자가 적어도 초기에는 자기 반응에 대한 책임이 자신에게 가장 많이 있다는 것을 쉽게 인정하지 않는다. 이 점을 치료자는 미리 새겨 둘 필요가 있다. 감정 반응을 스스로 선택할 수 있다는 생각은 그들에게는 매우 낯선 것이다. 우리 대부분은 자신의 반응에 대한 책임을 스스로 지도록 사회화되지 않았다. 이런 점은 우리가 상황을 기술할 때 흔히 사용하는 언어 표현에 잘 나타나 있다. '그는 나를 화나게 한다.' '그게 나를 정말 괴롭게 만든다.' '그녀가 나를 이렇게 행동하도록 만들었다.' 이 모두는 우리의 감정과 행동을 외부에 귀인하는 예다. 공황 발작, 우울, 분노 혹은 비이성적인 혼란감을 경험할 때, 특히 의학적인 원인이 없을 때 이런 경험을 내담자 스스로 선택한 것이라고 내담자를 납득시킨다는 것은 결코 쉬운 작업이 아니다. 이런 선택권은 내담자가 스트레스 상황에서 좀 더 현실적이고 유용한 반응을 유연하게 선택할 수 있는 힘을 스스로 갖고 있다는 것을 의미하기도 한다. 이런 깨달음은 내담자의 능력을 최대로 개발시켜 줄 수 있다.

사람들은 욕구가 강할수록 비합리적 신념과 합리적 신념 중에 비합리적 신념을 선택하는 유혹에 빠지기 쉽다. 성공, 인정, 편안함을 아주 강하게 원할 때 이것이 역경을 만나 좌절되면, 사람들은 흔히 그런 역경(A' s)이 절대 일어나지 말았어야 했다고 비이성적으로 요구하기 쉽다. 하지만 욕구가 약하거나 그리 강하지 않으면, 사람들은 당위적으로 요구하기보다는 이성적인 수준의 바람을 보이는 데 그치기 쉬우며, 이런 바람이 충족되지 않더라도 심리적으로 심한 고통에 휩싸이지 않는다.

역경에 대한 사람들의 평가신념은 흔히 자동적이고 무의식적이지만, 종종 의식되기도 한다. 하지만 대개 사람들은 자신의 신념이 감정을 지배하며 적어도 감정에 중요한 영향을 미친다는 사실을 의식하지 못한다. 사람들은 보통 역경 때문에 불쾌하다고(즉, A가 C를 일으킨다) 잘못 생각하고 있다. 사실은 A×B=C다. 흔히 C가 A 후에 즉각적으로 일어나기 때문에, 사람들은 B가 C를 일으키는 데 결정적으로 관여한다는 것을 잘 인식하지 못한다. 특히 A가 몹시 불쾌한 사건일 때, 가령 도둑으로 오해를 받았다거나 해서 그 순간에 화가 심하게 날 때, 사람들은 A에 관한 생각(B)이 화나게(C) 하는 데 일조했다는 것을 인식하지 못하고 흔히 타인의 잘못된 판단 자체(A)가 자신을 화나게(C) 만들었다고 믿는다.

심리적 장애에 대한 ABC 이론에 따르면, 역기능적인 부정적 감정이 일어날 때 다양한 비합리적인 신념이 영향을 미치며 그중에서도 가장 중요한 영향을 미치는 것은 핵심 비합리적인 신념이다. 일반적인 핵심 비합리적 신념은 다음과 같다.

1. 절대적인 강요성과 당위성(Absolutistic musts and should)

   예 '나는 절대 죄인으로 오해받아서는 안 된다.'

2. 파국화(Awfulizing)

   예 '죄인으로 오해받는 것은 정말 끔찍하고 두려운 일이다.'

3. 낮은 인내력(I-can' t-stand-it-itis)

   예 '나는 죄인으로 오해받고는 절대 못 산다.' '도저히 못 참겠다.' 고 말할 때, 이는 일어난 일이 너무 불쾌해서 더 이상 살고 싶지 않다는 의미다. 이는 좌절이나 불편감에 대한 인내력 장애라고 일컬어지기도 한다.

4. 자신과 타인에 대한 경멸(Damning oneself and others)

   예 '사람들이 나를 도둑으로 여기다니 내가 그렇게 쓸모없는 인간이었나!' '내게 죄를 뒤집어씌운 인간은 정말 몹쓸 인간이다.'

REBT에서는 사람들의 핵심 비합리적 신념이 상호 작용하면서 서로 영향을 주고받는다고 가정한다. '나는 죄인으로 오해받아서는 절대 안 된다.' 는 생각은 흔히 '그런 일은 상상할 수도 없는 끔찍한 일이다.' 라는 결론으로 이어진다. '내가 죄인으로 오해받는 것은 정말 끔찍한 일이다.' 는 '그런 일은 절대 일어나서는 안 된다.' 는 결론으로 다시 이어진다. 역경이 엄연히 일어났음에도 불구하고 그런 일이 절대 일어나지 않아야 한다고 억지를 부리는 신념은 파국화, 도저히 참을 수 없다, 자신과 타인에 대한 경멸 같은 생각의 기초가 되기도 한다. 만약 사람들이 선호 수준으로만 자신의 바람을 유지한다면, 그 바람이 충족되지 않더라도 최악의 불쾌감을 경험하는 일은 피할 수 있을 것이다.

'나는 억울하게 비난받고 싶지 않다.' 는 말에는 '혹시라도 내가 억울하게 비난을 받더라도, 그게 끔찍한 일은 아니다.' '그렇더라도 나는 참아낼 수 있다.' '그렇더라도 날 비난한 사람이 몹쓸 인간이라고까지는 할 수 없다.' 는 의미가 포함되어 있다. 반드시 이래야 한다(musts) 혹은 절대 이래서는 안 된다(must nots)와 같은 신념은 다른 핵심 비합리적 신념의 기저에 있는 신념이라 볼 수 있다.

'나는 절대 억울하게 비난받아서는 안 된다.' 는 말은 '모든 상황에서 그것도 항상 나는 결코 억울하게 비난받아서는 안 된다.' 는 의미를 포함한다. 이는 지나친 과잉일반화다. 코르지브스키(Korzybski, 1933)가 지적했듯이, 자신과 타인에 대한 경멸은 과잉일반화에서 비롯되는데, "내 행동이 곧 나를 의미하며, 나의 행동이 나쁘다는 것은 곧 내가 나쁜 사람이라는 것이다."와 같은 논리다. 강요적인 요구성이 강한 비합리적 신념도 기저에 이런 과잉일반화가 작용하며, 사람과 세상만사를 비논리적이고 비현실적으로 평가하고 있다. 역경이 끔찍하다는 평가는 그것이 총체적으로 나쁘다는 의미다. 역경을 도저히 참을 수 없다는 것은 역경이 있는 한 나는 절대 행복할 수 없다는 의미다. 존과 질이 나쁜 사람이라는 것은 그들이 오로지 나쁘게만 행동하고 그것도 항상 그렇게 행동한다는 의미다.

내담자가 살면서 겪는 힘든 일을 과잉일반화하게 되면, 심리적인 장애에 취약할 수밖에 없다. 이 점을 내담자는 잘 인식하고 있어야 한다. 내 경험에 따르면, 내담자가 힘든 일을 겪을 때 자신의 신념체계(B)가 이를 끔찍한 참변인 것처럼 정서적으로 비약시키고 있음을 빨리 자각할수록, 절대적 강요성과 요구성이 강한 생각을 더욱 쉽게 인식할 수 있었다. REBT를 효과적으로 적용하기 위해서 반드시 새겨야 하는 한 가지 금언은 "당위적이고 강요적인 요구를 경계하라!(Find the should! Find the musts!)"다. 이 슬로건이 내담자의 장애를 초래한 전반적인 혹은 유일한 원인을 가리키는 것은 아니다. 하지만 이 말은 심리적 고통의 한 원천에 내담자가 가까이 가게 해 주고, 변화의 힘이 자신에게 있다는 것을 알려 준다.

인간의 신념체계가 내인성 우울증과 강박증 같은 주로 생물학적인 배경이 있는 장애와 외상후 스트레스 장애 같은 심각한 외상과 관련된 장애와도 관련이 있을까? 나는 그렇다고 본다. 내인성 우울증의 경우 신경전달물질, 특히 세로토닌(serotonin)이 비효율적으로 작용해서 지각적인 왜곡과 우울한 생각을 만들어 낸다. 강박증의 경우는 고착된 생각, 반추적 사고, 정상적인 확인 행동의 어려움 같은 인지 기능상의 문제를 보인다. 우울증이나 강박증 환자는 흔히 뚜렷한 이유 없이 우울과 불안을 경험하며, 공포감을 느끼고 자신을 비난하기도 한다.

외상후 스트레스 장애의 경우 외상의 강도, 예측불가성, 생소성(strangeness)이 개인에게 심각한 충격을 주며 그로 인해 심한 분노, 죄책감을 경험하고 자기비난적인 생각에 휩싸이게 된다. 또한 외상 재발에 대한 두려움은 공포를 야기하는 생각을 지속시키고 처음 느꼈던 부정적 감정을 생생하게 만드는데, 이는 때로는 수년간 지속되기도 한다.

이와 같이 REBT 이론은 다수의 심리적 장애는 물론, 생물학적 혹은 가혹한 환경적 요인으로 인한 부적응을 설명하는 데도 많은 기여를 한다.

4 정서장애는 어떻게 유지되고 악화되는가?

어떤 이유로든 사람들이 일단 정서적인 문제를 겪으면, 그들의 인지는 자신들의 부적응을 유지하는 데 중요한 역할을 한다. 사람들은 역경을 기억에 새기고 그 일이 다시 일어나거나 더 악화될까 봐 두려워하며, 그 역경을 극복했다는 것을 확인받고 싶어 한다. 이러다 보면 마음과 상상 속에 '두려움' 이 자라나 지속되게 된다.

설상가상으로 사람들은 증상에 대한 비합리적 신념도 흔히 갖게 된다. 마르셀은 학교에서 성적을 반드시 잘 받아야 한다는 비합리적 신념(IB)을 갖고 있다. 그녀는 A학점보다 낮은 성적을 받는 일(A)을 경험할 때마다 우울해지는 결과(C)를 경험했다. 그러고 나서 그녀는 우울하다는 것 자체를 실제 역경(A^2)으로 만들어서, 자신에게 다음과 같은 비합리적 신념(IB^2)을 속삭였다. "나는 절대 우울해져서는 안 돼. 우울하다는 것은 끔찍한 일이야!" 결국 그녀는 우울한 것에 대해 우울해져 버렸다(C^2).

그녀는 점점 더 악화되어 갔다. 마르셀이 REBT를 받기 위해서 엘리스를 찾았을 때, 그녀가 REBT의 교육내용에는 동의했으나 치료 초반에는 호전이 별로 없었다. 그러자 그녀는 이제는 치료 실패라는 역경(A^3)을 맞았다. 치료 실패에 대해서 자신을 탓하기 시작했는데, "내가 치료 때 더 잘했어야 했는데! 내가 치료 때 충분히 열심히 작업하지 않아서 치료가 효과 없는 거야."라는 비합리적 신념(IB^3)으로 자신을 괴롭혔다. 그녀는 치료 실패 때문에 우울해졌다. 엘리스는 역순으로 치료를 진행했다. 먼저 치료에 실패했더라도 그녀가 자신을 수용할 수 있도록 격려했고, 그다음에는 우울에 빠져 있는 자신을 수용하도록 도왔고, 마지막으로 B, C 학점을 받은 자신을 수용하도록 도왔다. 이와 같은 세 가지 무조건적인 자기수용 작업은 반드시 잘해야 가치 있는 인간이라는 핵심 비합리적 신념에 그녀가 도전하게 만들었고, 그 결과 그녀는 몇 가지 중요한 합리적 신념을 획득할 수 있었다.

4 비합리적 신념 찾기

앞에서 언급했듯이, 여러 사상가와 치료자가 심리적 장애의 상당 부분이 역기능적 신념으로 인해 초래된다고는 주장했지만, 장애를 일으키는 데 일반적으로 기여하는 구체적인 신념을 제안하지는 못했다. 엘리스가 1956년에 처음으로 장애를 겪고 있는 내담자에게서 흔히 볼 수 있는 열두 가지 비합리적 신념을 제안하였다.

수년간 REBT를 적용해 본 후에, 엘리스는 다양한 비합리적 신념들이 세 가지 상위 신념으로 묶일 수 있음을 알게 되었다. 더 중요한 것은 이 핵심적인 역기능적 신념이 모두 절대적인 강요나 요구(absolute must or demand)를 담고 있다는 점이다. 사람들의 신념이 과장된 요구로까지 확대되지 않도록 엄격하게 제한하고 신념을 선호나 바람의 형태로 바꾸었을 때 심리적 어려움은 상당히(완전히는 아니더라도) 줄어들었다. 이런 사실은 놀라운 일이 아닐 수 없다. 내담자에게 심리적 고통을 가져다주는 주요 인지 요인을 단순화시켰을 뿐만 아니라 치료자와 내담자 모두 이를 쉽게 찾아내서 관찰하고, 변화시킬 수 있는 치료 방법 또한 제시했기 때문이다.

엘리스가 제안한 세 가지 강요적이고 요구적인 비합리적 신념은 다음과 같다.

1 '나는 어떤 상황에서든 주어진 일을 반드시 잘 수행해야만 하

고 중요한 타인에게서 인정을 받아야만 한다. 그렇지 않으면 나는 부족하고 사랑받을 수 없는 사람이 된다.'

> 자신이 강제적으로 요구한 수준에 미달할 때, 이런 신념은 흔히 불안, 우울, 무가치감, 자기비난을 초래한다. 또한 이런 신념은 흑백논리와 짜잡아 명명하기(labeling) 식의 비논리적인 과잉일반화를 보인다. 인간이면 누구나 실수할 수 있기 때문에, 이런 신념은 분명 비현실적이다.

2 '사람들은 어떤 상황에서든 나를 반드시 공정하게 그리고 친절히 대해야만 한다. 그렇지 않으면 그들은 몹쓸 인간이다!'

> 이런 비합리적 신념은 흔히 분노, 증오, 불화를 초래하고 극단적으로는 전쟁이나 민족말살과 같은 인류의 비극을 초래하는 한 요인이 될 수도 있다. 이런 신념은 개인의 특정 행동만 나쁘게 판단하지 않고 그의 인격 전체를 모욕하는 것이다. 이런 신념도 비논리적인 과잉일반화와 싸잡아 명명하기를 보이며, 누구나 실수할 수 있기 때문에 분명히 비현실적인 신념이다.

3 '세상일은 항상 반드시 내가 원하는 대로 되어야 하고, 대부분 즉각적인 만족이 뒤따라야 하며, 내가 힘들게 세상을 변화시킬 필요가 없어야 한다. 그렇지 않다면 이는 정말 끔찍하고 참을 수 없는 일이며, 그런 상황에서 내가 행복해진다는 것은 전적으로 불가능하다.'

이런 신념은 좌절에 대한 인내력을 고갈시키고 우울이나 무력감을 느끼게 하며 일을 자꾸 미루게 만든다. 자신의 절대적인 요구대로 세상이 돌아가지 않는 것 때문에 인생과 세계에 대해 저주를 퍼붓기도 한다. 이런 신념 또한 비논리적(왜냐하면 세상일이 좋을 수만은 없기 때문이다)이고 비현실적(왜냐하면 이상적인 상황이란 극히 드물기 때문이다)이다.

REBT에서는 성공, 인정, 편안함에 대한 추구를 반대하지 않으며, 오히려 이를 격려한다. 문제는 이를 반드시 필요한 것으로 여기지 말고 선호 정도의 선에서 추구해야 한다는 점이다. 우리는 선천적으로 목표 추구자이고, 즐거움을 추구하며, 항상은 아니더라도 대개는 더 좋은 개인적 및 사회적 결과를 얻고자 한다. 하지만 우리가 (의식적이든 무의식적이든) 만족을 아무리 요구하더라도 채워지지 않을 수 있다. 이 점이 문제다. 이로 인해 건강한 실망감보다는 건강하지 못한 불행감을 흔히 경험하게 되고 이는 다양한 불필요한 장애를 가져오기 쉽다.

역기능적인, 자기 파괴적인 신념을 찾도록 내담자를 교육시키기 위해서 치료자는 의도적으로 내담자의 역기능적인 신념을 활성화시켜 우울하게 만들 수 있다. 그 과정에서 내담자는 자신의 구체적인 비합리적 신념을 생생하게 인식하게 된다. 그렇게 되면 REBT의 ABC 이론에서 D—구체적인 비합리적 신념 논박하기(Disputing)(이 부분에 대해서는 5장에서 다루고 있다)—로 넘어갈 수 있다. 우울한 경우에는 먼저 앞에서 소개한 세 종류의 비합리적 신념을 되짚어 보는 것이 좋다.

첫 번째 비합리적 신념은 '나는 잘해서 반드시 인정을 받아야 한다.' 는 것이다. 이런 신념은 우울한 내담자를 흔히 자기비하감에 휩싸이게 만든다. 중요 과제를 반드시 잘해야 하며 중요한 타인에게서 반드시 인정을 받아야 한다고 내담자가 자신에게 무리하게 강요하고 있는 것은 아닌가? 이 질문을 내담자 스스로 자신에게 던지도록 하는 것이 좋은데, 이때 내담자 자신의 삶의 목표와 가치관을 충분히 고려하고 대답해 보게 하는 것이 좋다.

두 번째는 '다른 사람이 나에게 잘해야만 한다.' 는 신념이다. 상대가 자기 뜻대로 행동하지 않았을 때, 화를 쉽게 내고 잘 우울해지지 않는지 살펴보는 것이 좋다.

세 번째는 '세상일이 모두 좋게만 돌아가야 하고 원할 때 원하는 대로 일이 진행되어야만 한다.' 는 신념이다. 일이 내 뜻대로 진행되지 않을 때, 내담자가 인내력을 잃고 쉽게 우울해지지는 않은지 살펴봐야 한다. 그리고 내담자가 이런 비합리적 신념을 갖고 있다고 무턱대고 가정해서는 안 된다. 치료자는 선입견 없이 분명한 증거를 찾으려고 노력해야 하고, 내담자가 또한 그렇게 할 수 있도록 도와야 한다.

이 세 가지 주요 비합리적 신념을 미리 숙지하고 있어야 내담자가 비합리적 신념과 관련된 정서적 혹은 행동적 문제를 보일 때, 관련 비합리적 신념을 더욱 빨리 찾아낼 수 있다. 처음부터 내담자의 문제가 특정 비합리적 신념과 관련이 있다고 가정하지 않도록 주의해야 한다. 다만 관련될 가능성이 있을 뿐이다.

일단 내담자와 함께 핵심 비합리적 신념을 찾았으면, 그다음엔 거기에서 파생된 하위생각을 찾아볼 수 있다. 예를 들어 우울한 내담자가 갖고 있는 '나는 잘해서 중요한 타인에게서 반드시 인정을 받아야만 한다.' 라는 신념은 다음과 같은 비합리적 신념을 파생시킬 수 있다.

- 파국화(Awfulizing): 존이 나를 비난하다니, 이것은 도저히 있을 수 없는 일이야.
- 낮은 인내력(I-can' t-stand-it-itis): 메리가 날 거부하다니, 나는 이것을 참을 수 없어.
- 과잉일반화(overgeneralizing): 존과 메리가 나를 비난하다니, 다른 사람도 모두 나를 그런 식으로 비난할 거야. 이제 나는 철저히 혼자야.
- 비약적인 결론(Jumping to conclusions): 존과 메리가 나를 비난하다니, 내가 잘못한 게 틀림없어.
- 부정적으로 생각하기(Focusing on the negative): 메리가 인상을 찌푸리고 있네. 나 때문에 그런 게 틀림없어.
- 긍정적인 것 무시하기(Disqualifying the positive): 존이 나를 만나고 싶어 하는 것은 내가 불쌍해 보여서야.
- 잘한 일 축소하기(Minimizing the good things): 내가 오늘은 존

과 대화를 잘했지만, 평소에 잘하지 못했기 때문에 그는 여전히 나를 나쁘게 볼 거야.

- 개인화(Personalizing): 메리가 너무 바빠서 어느 누구도 만날 시간이 없다고 말은 하지만 사실은 나를 만나고 싶어 하지 않아서 그러는 거야.
- 부인(Phoneyism): 이번에 나는 존에게 잘하려고 애써 노력했어. 사실은 그것은 나의 거짓된 모습이야. 나는 결코 좋은 사람이 아니야.
- 완벽주의(perfectionism): 내가 이번에 존 그리고 메리와 잘 지내기는 했지만 멍청한 실수를 좀 저지르고 말았어. 그것만 아니었더라면 정말 완벽했을 텐데…. 난 그런 실수를 하지 말았어야 했어.

우울하게 만드는 하위 비합리적 신념을 내담자가 인지하면, 치료자는 그런 신념이 내담자의 우울과 어떻게 관련되며, 그 신념이 왜 비현실적이고 비논리적이며 자기 파괴적인지를 내담자가 깨닫도록 도와주어야 한다. 또한 그런 신념이 핵심 비합리적 신념과 어떻게 관련되는지도 함께 살펴보는 것이 좋다.

치료자가 내담자와 함께 핵심 비합리적 신념을 함께 찾고 이를 바꾸도록 내담자를 도울 때, 내담자는 핵심 신념을 더 잘 이해하고 여기서 파생된 구체적이고 제한적인 비합리적 신념을 용이하게 찾을 수 있다.

4 신념, 감정, 행동의 관련성 이해시키기

장애를 겪고 있는 내담자의 비합리적 신념 중에서 가장 중요하고 자기 파괴적인 신념을 한 가지 들라면, 역경(A)이 감정경험과 행동적 결과(C)를 자동적으로 일으킨다는 생각을 꼽을 수 있다. 다음은 이를 반영하는 전형적인 표현이다. '폐쇄된 공간에 있으면 나는 불안해진다.' '네가 나를 부당하게 대해서 내가 이렇게 화가 난 거다.' '사람들이 나를 보고 비웃었을 때, 나는 벌레가 된 듯했다.'

이런 표현은 A(역경)와 C(불쾌감)의 관련성에 대해 부분적으로는 맞는 표현이지만, B라는 중요한 요인, 즉 A에 대한 내담자의 신념을 간과한 것이다. A만으로 C를 일으킬 수는 없다. 왜냐하면 폐쇄 공간에 있다고 해서 모든 사람이 불안해지지는 않으며, 부당한 대우를 받는다고 해서 모든 사람이 화가 나는 것도 아니다. 누가 자기를 비웃는다고 해서 모든 사람이 자신을 벌레처럼 느끼지 않는다.

내담자가 심각한 심리적 고통을 경험할 때, 비합리적 신념을 찾도록 돕는 것만으로는 충분하지 않고, 신념과 그 결과 사이의 관계를 분명이 인식시켜 주는 것이 중요하다. 조나단은 테니스 경기에서 친구들이 자신에게 졌을 때 자기를 싫어할 거라는 생각을 자주 하는데, 이런 생각이 비이성적인 것이라는 것을 알지만 그는 이 생각을 떨쳐 버릴 수 없었다. 이런 생각은 경기 후에 친구들이 그를 축하해 주고 잘 대해 줘도 쉽게 변하지 않았다. 대부분의 증거를 살펴보면

친구들이 경기에서 지는 것은 싫어하지만 그래도 여전히 그를 좋아하고 있음을 보여 주었다. 그럼에도 불구하고 그는 여전히 친구들에게 화가 났는데, 친구들이 그와의 경기를 피하고 자기보다 약하고 이길 수 있는 다른 사람과 경기를 하고 싶어 하기 때문이었다. 그는 친구들이 자기와 테니스를 치기 싫어하므로(A) 자신이 화가 났다고 여겼다. 처음에 그는 다음과 같은 자기 생각을 몰랐다. '사람들은 지더라도 나와의 경기를 절대 피해서는 안 돼. 그들이 더 경기를 잘하면 될 일이다. 내가 그들을 이기더라도 그들은 여전히 나를 좋아해야 한다. 그들이 나를 싫어하다니. 그들은 속 좁은 인간이다.'

조나단은 그의 친구들이 경기에서 져서 자기를 싫어할 거라고 '여겼고', 이런 자기 생각이 과장된 것이라는 것도 '알고 있었다.' 그러나 그는 친구들이 그와의 경기를 거부해서 자기가 화(C)가 났다고 생각했지, 친구들의 거부(A)에 대한 그의 신념(B)이 그의 분노와 직접 관련된다는 것은 알지 못했다. 엘리스가 그에게 B를 인식시키고 그것이 C에 많은 기여를 하고 있음을 이해시키자, 그는 친구들이 자신과의 경기를 거부하는 불쾌한 사실을 받아들일 수 있었다. 그는 친구들이 그와 경기를 해야 한다고 요구(demand)하지 않고 경기를 해 줬으면 하는 정도의 선호(preference)로 마음을 바꾸었으며, 그러자 친구들에게 화가 나기보다는 자신과의 경기를 피하는 것에 대해 유감스러움과 실망감을 느끼는 정도에서 그칠 수 있었다.

신념(B)-결과(C)의 연결과 신념(B)을 신속히 찾아서 변화시킬 수 있다는 것을 알지 못하면, 내담자는 REBT의 가장 중요한(치료에서 일반적으로 일어나는) 통찰을 배우고 터득할 수 있는 기회를 놓치게 될 것이다(Ellis & Dryden, 1977; Ellis & Harper, 1998; Walen, DiGiuseppe, & Dryden, 1992).

4 통찰의 활용

REBT는 어떤 다른 치료보다도 인지를 중요시하기 때문에, 자연스럽게 통찰도 중요하게 여긴다. 내담자는 자신의 장애에 기여하고 있는 내적 및 외적 영향을 인식하고 있어야 하고 정서적 및 신체적 건강을 향상시키기 위해서 무엇을 해야 하는지도 알아야 한다. 앞에서도 언급했듯이 통찰 그 자체는 부분적으로만 유용할 뿐이다. 과거를 세세히 이해하는 것이 역기능의 현재 원인을 이해하고 변화시키는 데 오히려 방해가 될 수도 있다. REBT에서는 내담자를 현재 도울 수 있는 세 가지 주요 통찰을 강조한다.

- 통찰 1(인간의 심리적 장애에 대한 ABC 이론): A(역경)가 흔히 장애 감정과 행동(C)을 초래하는 데 상당히 기여하지만, B(A에 대한 신념) 또한 많은 영향을 미친다. A×B=C.
- 통찰 2: 심리적 장애(C)가 아동기나 청소년기의 역경(A) 후에 발생하더라도, 그 당시 장애는 (자연스러운 것이기는 하지만) 부분적으로는 과장된 비합리적 신념에 의해 만들어진 것이다. 내담

자의 장애가 지금까지 지속되는 것은 주로 이런 비합리적 신념 중에 계속 유지되고 있는 신념이 있기 때문이다. 따라서 앞으로 좋아지기 위해서는 현재와 과거의 비합리적 신념을 찾아서 변화시켜야 한다.

- 통찰 3: 내담자가 현재 보이는 역기능적인 결과물을 호전시키기 위해서는 대개 상당한 통찰을 필요로 하며 인지적, 정서적, 행동적인 부단한 작업과 연습이 필요하다. 왜냐하면 장애는 생물학적인 그리고 학습되고 습관화된 성향에 의해 유지되고 있기 때문이다(Ellis, 1994, 1996).

지속적이고 근본적인 호전을 위해서

"단지 기분만 좋아지는 것이 아닌 그 이상으로 좋아지도록 개인을 돕는다는 것"(Ellis, 1972)은 REBT의 핵심적인 부분 중 하나다. 다음은 그 과정이 어떻게 이루어지는지를 보여 준다.

1. 내담자는 현재 증상(예, 불안, 우울, 격노, 자기비하, 자기연민 같은 장애 감정)을 감소시키기 위해서, 그리고 문제가 되는 강박적인 행동(예, 폭력, 아동학대, 폭음, 약물남용, 도박, 흡연, 폭식)과 회피적 행동(예, 사회 공포증, 발표 공포증, 우유부단함)을 끊기 위해서 치료자를 찾는다. 먼저 타인과의 관계를 해치는 자기 파괴적인

감정과 행동을 최대로 줄이고 더 나아가 이들을 완전히 없앨 수 있도록 돕는다.

2 자신을 괴롭히던 증상이 줄어들면, 내담자는 그 증상과 관련된 다른 감정, 생각, 행동을 줄이도록 도움을 받을 수 있다. 예를 들면 사회불안이 줄어들면 처음에는 간과했던 다른 불안인 수행불안, 건강염려불안, 학습불안 등을 줄이기 위해서 치료자와 함께 이전과 유사한 방법을 적용할 수 있다. REBT의 원리를 응용하면 거의 모든 종류의 불안, 우울, 분노를 줄일 수 있다.

3 단지 기분이 좋아지는 것 이상으로 좋아지기 위해서는, 이전에 만나기를 꺼렸던 사람이나 고통스러워 피해 왔던 사건을 접하더라도 내담자가 지나치게 불안해하고 분노하거나 우울해지지 않도록 도와주어야 한다. REBT를 통해서 터득한 근본적으로 효율적인 새로운 철학(New Effective Philosophies)이 내담자의 습관으로 녹아들면, 이전의 핵심 비합리적 신념이 다시 활성화되는 일은 거의 없을 것이다.

4 다시 혼란감에 빠지더라도 내담자는 이전에 치료자를 통해서 배웠던 다양한 효과적인 인지적, 정서적, 행동적 방법을 사용해서 비교적 쉽게 자신의 문제를 극복할 수 있을 것이다. 내담자는 다음과 같이 자문할 수 있다. '내가 이 문제를 다루기 위해서 전에 사용했던 REBT 기법이 뭐였지?' 해결중심치료(deShazer, 1985)도 이와 유사한 기법을 사용하고 있다.

5 새로운 역경에 당면했을 때, 내담자는 REBT에서 배운 지식과

거기서 터득한 근본적으로 효율적인 새로운 철학을 적용할 것이다. 이는 삶에서 부딪히는 어떤 어려움에도 건강하게 맞설 수 있게 내담자를 지속적으로 도울 것이다.

⑥ 내담자가 혼자서는 REBT를 적용하는 것이 어려운 매우 힘든 상황에 처해 있을 수 있다. 이럴 경우 내담자가 치료자(다른 치료자를 찾을 수도)를 다시 방문해서 상담을 몇 회 더 받을 수 있다. 치료자는 내담자를 잘 안내해서 내담자가 다시 자신의 좋은 치료자가 될 수 있도록 도와야 한다.

이런 단계는 내담자가 지속적이고 근본적으로 좋아지기 위한 REBT 치료 과정을 기술하고 있다. 어떤 형태의 치료도 모든 내담자에게 그것도 항상 효과가 좋을 수는 없다. 하지만 REBT를 적극적이고 일관되게 적용하면, 다른 어떤 형태의 치료보다도 개인이 '만족할 만한' 해결에 이르는 데 도움이 될 거라 여겨진다.

역경, 신념, 결과(정서와 행동) 간의 상호적 영향

앞에서도 짧게 언급했듯이 역경(A)과 이에 대한 신념(B)은 C, 즉 정서적, 행동적 결과에 영향을 미치고 이를 발생시키기도 한다. 사고, 감정, 행동은 분명히 구별되기 어렵고 서로를 포함하고 있으며 서로 통합되어 있다. REBT에서는 특히 A와 B가 C에 미치는 영향을 강조하지만, 때로는 A가 B와 C에 영향을 줄 수도 있고, B가 A와 C에, C가 A와 B에 영향을 줄 수도 있다.

조디는 다음의 두 가지 비합리적 신념 때문에 더 좋은 일자리를 찾지 못하고 있다. ① '나는 면접을 망치면 절대 안 된다. 그렇게 되면 나는 재기불능인 패배자가 되는 것이다.' ② '면접을 준비하고 치르는 것이 내게는 너무나 힘들고 많은 노력을 요구한다. 차라리 누군가가 내게 좋은 직장을 마련해 주길 기다리는 편이 낫다.' 그녀는 이런 신념을 바꾸고 나서 면접을 치르기로 결심했다. 그녀는 여러 역경을 확인할 수 있었다. 원하는 일자리를 갖기에는 그녀의 교육과 훈련이 부족하고 그녀가 원하는 분야의 일자리도 드물며, 그녀의 나이(55세)가 너무 많아 고용된 후 일할 수 있는 기간이 적다는 점 등이다. 이런 힘든 사실(역경, A)은 그녀에게 부정적인 신념(B)과 면접 회피라는 결과(C)를 갖게 했다.

조디의 구직 회피(C)는 그녀가 거부되는 것을 당장은 피할 수 있어 단기적으로는 불안이 줄어들게 했지만, 장기적으로는 거부에 대한 '두려움' 을 실전을 통해서 극복하지 않았기 때문에 불안은 오히려 증가했다. 사실 그녀가 거부를 덜 당하면 당할수록, 그녀의 두려움은 상상 속에서 더욱 증가했다. 그래서 일자리 구하는 것을 회피하는 그녀의 행동(C)은 '거부되는 것은 너무나 두려운 일이야. 그런 일은 절대 내게 일어나서는 안 돼!' 라는 그녀의 비합리적 신념(B)을 '확증해 주고' 있었다.

조디가 구직 회피에 적용된 ABC 이론을 제대로 이해했을 때, 비

정서장애에 대한 합리적 정서행동치료의 ABC 이론

"사람은 벌어지는 사건이 아닌, 그 사건에 대해서 갖는 관점 때문에 고통받는다." – 에픽테토스, 기원전 1세기

정서 반응을 일으키는 것은 사건이 아니라 사건에 대한 태도와 믿음이다.

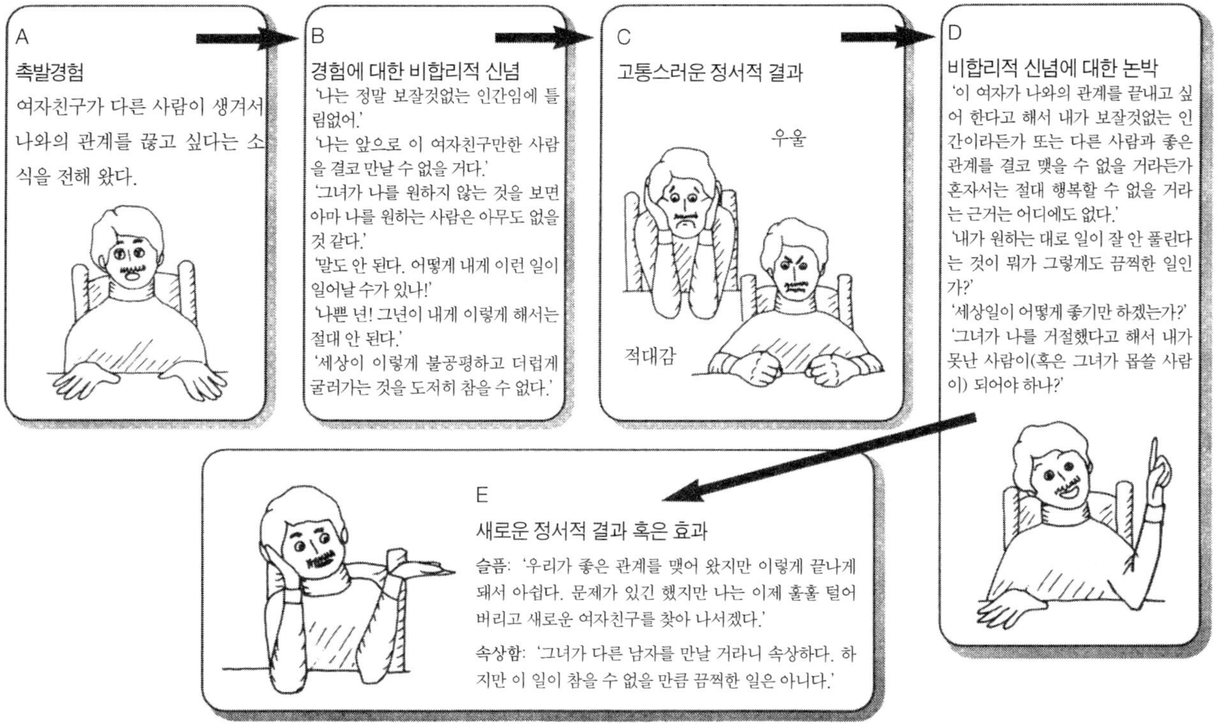

로소 그녀는 다음과 같은 결론에 도달할 수 있었다. '내가 원하는 직장을 구한다는 것이 내게는 정말 어려운 일이다. 내가 거부되는 것은 절대 용납할 수 없어라는 말을 나 자신에게 그만하고 내가 거부될 수도 있다는 현실을 수용하면, 내가 실제로 잃을 것은 아무도 없다. 구직을 너무 힘든 일이라 여기지 말고 힘들지만 직장을 구하려고 노력하고 그런 활동에 익숙해지면, 내가 만들어 낸 구직에 대한 엄청난 두려움을 나도 극복할 수 있을 것이다.' 조디는 ABC 관계에 대한 충분한 이해를 통해서 좋은 직장을 더욱 적극적으로 찾아 나설 수 있었다.

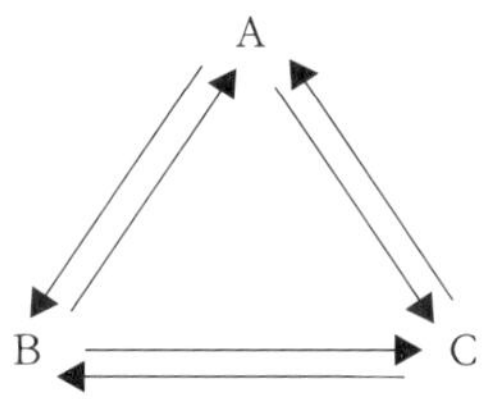

여러 사람이 서로 관련되어 있으면, A가 자신의 B와 C에, B가 자신의 A와 C에, C가 자신의 A와 B에 영향을 줄 뿐만 아니라, A, B, C는 다른 사람의 A, B, C에도 종종 영향을 미친다. 브루스와 그레이스는 결혼을 했고 서로에게 비판적이었다. 그레이스는 촉발사건(A)으로 브루스의 비난을 들었고 '브루스는 나를 너무 심하게 비난해서는 안 된다. 나는 그를 더 이상 참을 수 없다.' 라는 생각(B)을 속으로 되씹었으며, 그에게 몹시 화가 났다(C).

브루스는 그레이스의 분노를 지켜보면서 그것을 자신의 촉발사건

(A)으로 받아들였다. 그리고 속으로 생각했다. '그녀는 내게 늘 화가 나 있다. 이는 내가 뭔가 잘못하고 있다는 것을 의미한다. 나는 정말 문제가 심각한가 보다!(B)' 그는 우울해졌다(C).

이어서 그레이스는 브루스의 우울(그의 C)을 지켜보고 그것을 자신의 촉발사건(A^2)으로 삼았다. '나는 브루스가 나의 분노 때문에 우울해지는 것이 싫다.' '내가 화를 내서 브루스가 우울해졌다. 내가 그러지 말았어야 했다(B^2).' 는 생각이 그녀를 괴롭혔고 그녀는 죄책감(C^2)을 떨쳐 버리기가 어려웠다.

그레이스의 자책(그녀의 C^2)을 지켜본 브루스는 그레이스의 자책을 촉발사건(A^2)으로 삼았고 자신이 싫어졌다. '나는 그레이스가 자책하게 만들지 말았어야 했다. 내가 그레이스를 그렇게 만들다니 나는 벌레만도 못한 인간이다.' 라는 생각(B^2)이 그를 괴롭혔고 그 역시 죄책감에 시달렸고 전보다 더 우울해졌다(C^2).

이처럼 개인의 ABC는 자신의 다른 A, B, C에도 상호적으로 중요한 영향을 미치지만, 다른 사람의 A, B, C에도 영향을 미칠 수 있다. 다른 사람에게 아주 직접적으로 고통을 주지는 않더라도, 다른 사람 특히 친밀한 사람을 힘들게 하는 데 기여는 할 수 있다. 관계에 어려움을 호소하는 커플을 치료할 때, REBT에서는 자신이 흔히 하는 잘못된 판단이 상대방에게 간접적으로 어떻게 고통을 주고 있었는지를 살펴보는 시간을 갖는다(Ellis, 1957; Ellis & Harper, 1961; Ellis, Sichel, diMattia, Yeager, DiGiuseppe, 1989). 그런 다음 심리적 고통을 일으키는 데 결정적으로 기여하는 다양한 비합리적 신념을 논박할 수 있도록 돕는다.

적극적이고 지시적인 REBT 이점

심리적인 장애를 겪고 있는 사람들은 역기능적인 감정과 행동으로 많이 시달렸기 때문에 이를 개선하기 위해서 어떤 노력이라도 기꺼이 할 준비가 되어 있는 경우가 많다. 이는 내담자로서 아주 좋은 태도다. 내담자가 똑똑하고 건설적인 사고자라 하더라도 많은 경우 변화는 아주 천천히 그것도 조금씩 일어난다. 이는 다음과 같은 이유 때문이다.

- 내담자가 생물학적으로 심각한 문제를 겪고 있을 수 있다. 이들에게는 흔히 보는 신경증 환자를 치료할 때보다 훨씬 많은 노력을 기울여야 한다.
- 내담자가 좌절을 잘 견디지 못하기 때문에 변화를 위해서 요구되는 시간과 노력을 필요한 만큼 내담자에게 충분히 쏟기가 어려울 수 있다.
- 치료를 통한 호전이 내담자에게는 오히려 두려운 일일 수 있다. 왜냐하면 실패가 두려워 그동안 이런저런 변명으로 피해 왔던 모험적인 일을 더 이상 피해 갈 수 없기 때문이다.
- 내담자가 치료자의 관심과 인정을 지속적으로 받고 싶어서 호

전되어 혼자 독립하는 것을 꺼려 하고 계속 치료에 매달릴 수 있다.

- 자신에게 치료받기를 강요한 사람에 대한 적대감이 강한 경우에는 이런 적대감을 호전에 대한 저항으로 나타낼 수 있다.
- 내담자가 REBT라는 치료 이론 자체에 대해서 동의하지 않고 불만이 많을 수 있다.
- 이 외에도 치료에 저항할 수 있는 다양한 이유가 있을 수 있다 (Ellis, 2002).

내담자가 치료에 저항을 보일 때는 소극적인 대응은 바람직하지 않다. 치료에 저항하는 주된 이유가 무엇인지를 적극적이고 직접적으로 확인해 보고 (그 이유가 타당하면) 그것을 극복할 수 있도록 도울 수 있는 방법을 모색해 보는 것이 필요하다. 내담자에게 그의 비합리적 신념과 그것을 수정할 수 있는 방법을 알려 주기만 하면(또는 치료자로서 간접적이고 덜 적극적인 모습을 취하면) 내담자가 건설적 해결사로서 이후에는 자신에게 맞는 좋은 해결책을 알아서 찾아갈 거라는 가정은 사실상 지지 근거가 희박하다. 저항의 이유를 적극적이고 직접적으로 찾아서 드러내고, 저항을 뿌리 뽑는 것이 흔히 효과가 있다는 많은 증거가 있다. 만약 저항의 이유를 제대로 찾아 뿌리 뽑는 것이 어려우면, 그것 자체가 또 다른 이유를 갖고 있을 수 있다. 이때는 내담자에게 다른 형태의 치료를 받아 보도록 권해 보는 것이 좋다.

치료자 입장에서 볼 때 이 외에도 REBT의 적극적이고 지시적인 특징은 많은 이점을 갖는다. 평범하지 않은 특이한 내담자를 치료할 때, 효과적인 치료적 개입을 찾는 데 비교적 용이하다. 치료하기 힘든 일부 내담자의 경우는 더욱 짧은 기간에 효과를 얻을 수도 있다. 내담자에게 기본적인 치료이론을 가르치고 이를 연습시켜서 필요할 때 내담자가 활용할 수 있도록 돕는다. 내담자와의 라포 형성에도 도움이 되는데, 고통에 찌들어 온 내담자를 덜 고통스러운 새로운 세계로 유능하게 인도하는 치료자의 모습은 그에게 신뢰감을 심어 줄 수 있다. 심리치료가 내담자의 시간과 돈은 물론이고 치료자의 시간과 노력도 상당히 요구하는데, 적극적이고 지시적인 치료는 이를 줄여 준다. 고전적인 분석이나 로저스의 인간중심치료와 같은 소극적인 치료 접근도 직접적이면서도 은밀한 강화 기법을 간간히 사용하는 것으로 알려져 있다. 공포 자극이나 사건에 대한 노출법 같은 치료법은 내담자에게 좀 더 직접적으로 가르치고 실천하도록 격려한다. 이런 직접성은 이전에는 감히 할 수 없을 거라 여겼던 것을 이제는 할 수 있다는 믿음을 심어 줌으로써 자기 효능감을 높여 주기도 한다. 심한 성격장애를 보이거나 생물학적 혹은 후천적인 장애를 보이는 내담자에게는 이런 지시적인 개입이 실질적으로 필요한데, 치료자에게는 장애로 인한 제약을 이들이 극복할 수 있도록 밀어붙이는 활동성이 요구된다.

이러한 이점 때문에, REBT는 대개는 상당히 적극적이면서 직접적인 방법을 선호한다. 하지만 아무리 좋은 것이라도 단점은 있기

마련이다. 적극적이고 지시적인 치료의 특성은 자칫하면 내담자의 타고난 문제해결 능력과 자기실현 성향을 저해할 수 있다. 목표와 가치관 그리고 그것을 실현할 수 있는 방법이 일방적으로 주어지고 내담자는 피동적으로 이를 수용할 수 있다. 지시적인 치료자로서 당신은 때로는 너무 과도한 책임감과 재량권을 갖게 되어서 내담자-치료자 간에 협력적이고 상호적인 관계를 만드는 데 어려움을 겪을 수도 있다.

엘리스는 치료자가 지나치게 지시적이 되는 것과 관련해서 다음과 같은 주의를 당부하였다(Ellis, 1997).

- 사용하는 치료 기법의 제한점들에 대해서 잘 숙지하고 있어야 한다.
- 어떤 기법을 내담자에게 적용할 때는 그에 대한 내담자의 반응을 예의 주시하고 언제든지 그것을 중단하거나 내담자에게 맞도록 수정할 준비가 되어 있어야 한다.
- 다른 치료 접근에서 소개하는 다소 소극적인 인지적, 정서적, 행동적 기법의 필요성에 대해서도 인정할 수 있어야 한다.
- 무조건적인 수용과 무조건적인 긍정적 존중을 모든 내담자에게 실천하고 내담자 스스로도 자신을 그렇게 대할 수 있도록 도와야 한다. 그래야 REBT의 치료기법이 뜻대로 잘 적용되지 않을 때 내담자가 지나치게 실망하거나 자신을 책망하지 않을 수 있다.

특히 주의할 점은 치료적 개입이 적극적이고 지시적인 경우에 그것이 물론 내담자에게 도움이 될 수 있지만 그만큼 해가 될 수도 있다는 것이다. 특히 자기가치감이 취약하고 과민한 내담자에게는 더 많은 주의가 필요하다. 적극적이고 직접적인 치료를 개인적으로 선호하더라도, 치료 시에는 항상 주의해야 하고 언제든지 후퇴할 준비가 되어 있어야 한다. 치료과정은 계속해서 상승하는 과정이 아니라 굴곡이 있는 과정이다.

이 장을 마무리하기에 앞서 소극적인 입장의 비지시적인 치료자도 REBT와 인지행동치료를 성공적으로 활용할 수 있다는 것을 일러 두고 싶다. 이들은 그들의 취향대로 천천히 조심스럽게 상담을 이끈다. 내담자가 자신의 비합리적 신념을 자신의 노력으로 알아내고 이를 논박하며 그 결과에 대해서도 스스로 깨우치도록 하는 데 주력한다. 일부 REBT 치료자는 내담자가 비합리적 신념을 찾아서 도전하게 하는 데 소크라테스식 대화법을 철저하게 사용하기도 한다. '당신이 일을 자꾸 미루고 있어 불안할 때, 속으로 어떤 생각을 하셨습니까?' '100% 확신이 있어야만 자신의 견해를 표현한다는 것이 정말입니까?' 이런 질문을 사용하는 것도 실제로는 꽤 적극적인 것이다. 하지만 이런 질문도 '잘해야만 한다고 당신에게 강요하지는 않았습니까?' '반드시 잘할 필요가 있는 것은 아닙니다. 잘했으면 좋겠다는 바람 정도로 기대를 낮추기만 해도 불안감이 상당히 줄어들 겁니다.' 만큼은 직접적이지 않다.

다시 말하지만, 모든 치료자가 어느 정도는 다 적극적이고 직접적이다. REBT와 인지행동치료를 적용할 때, 찾아온 내담자 개인에게 맞는 수위를 선택해야 한다. 현명한 선택을 할 수 있도록 최선을 다해야 한다. 그 내담자에게 그 시기에 뭐가 최선의 치료책인지 항상 고민해야 한다. 실험해 보는 것이 최선이다!

요 약

- 생물학적인 성향, 환경적 조건, 사회적 조건, 이 모두가 사람의 심리적인 어려움이나 장애를 일으키는 데 기여하는 요인이다.
- REBT는 주로 장애의 인지적 요소에 초점을 두는데, 그 이유는 핵심 비합리적 신념을 변화시키면 정서적 및 행동적 변화가 긍정적으로 연이어서 일어날 것이라고 가정하기 때문이다.
- REBT의 'ABC' 모델에서, 'A' 는 상황, 사람, 생각 등과 같은 것으로 촉발 사건 혹은 역경을 일컫는다.
- 'C' 는 'A' 로 인한 정서적 및 행동적 결과다.
- 'B' 는 'A' , 즉 촉발 사건에 관한 신념으로 'C' 를 실질적으로 일으키는 요인이다.
- 신념은 합리적일 수도 비합리적일 수도 있다. 합리적인 신념은 유연하고 적응적이며 사회적 현실에 부합되고 목표한 바를 생활 속에서 이루는 데 도움을 준다. 비합리적 신념은 경직되고 독단적이며 사회적 현실과는 동떨어져 있고 일반적으로 목표를

달성하는 데 방해가 된다.

- REBT는 내담자의 현재 기분을 단순히 좋게 하는 데 그치는 것이 아니라 미래에도 계속해서 좋을 수 있도록 하기 위해서 필요할 때 적용할 수 있는 기본 원리를 철저히 교육시키고 연습시키는 데 주력한다.
- 적극적이고 직접적인 치료 접근은 시간을 단축시키는 효율적인 치료로 다분히 교육적인 면이 강조된다. 내담자의 치료 동기를 고취시켜 시간과 비용을 절약시켜 준다.

제4장

REBT의 평가과정

REBT는 DSM-IV와 같은 엄격한 진단 체계에 대해서 다소 회의적이다. 이는 DSM-IV와 같은 진단체계가 사람들을 과잉 일반화하여 진단하기 때문이다. 그러나 내담자가 보이는 문제의 심각도, 치료하는 데 걸리는 시간, 각각의 내담자에게 가장 유용한 치료 방법을 결정하는 데 있어 이 같은 진단체계가 유용할 수 있다.

REBT에서는 다양한 해석의 여지가 있는 로르샤흐 검사와 같은 정신분석적 검사보다는 인지행동적 검사와 도구가 주로 사용된다(Kendall & Hollon, 1980). 내담자의 비합리적인 신념을 측정하는 그 어떤 '객관적인' 검사라 할지라도 의식적으로나 무의식적으로 윤색

될 수 있다는 점에서, 완벽한 검사는 없다고 할 수 있다. 뉴욕 연구소에서 접수 시 사용하는 검사 패키지에는 전반적인 신상정보와 이전의 치료경험에 대해서 묻는 질문지와 함께 표준화된 검사가 일부 포함되어 있다. 또한 4주에서 6주마다 한 번씩 '생활 만족도'에 대해 재평가를 하여 차트에 기록한다.

평가내용은 다음과 같다.

1. 내담자가 지닌 바람직하지 못한 결과(문제), 다시 말해 인지적, 정서적, 행동적 장애와 결여된 기술 영역은 무엇인가(Cs)?
2. 어떤 촉발 사건이나 역경(A)이 바람직하지 못한 결과에 선행하고 있는가?
3. 촉발사건이나 역경(A)에 어떤 평가를 가하고 있으며 역기능적인 결과(Cs)에 이르게 하는 합리적인 신념(Rational Beliefs, RB)과 비합리적인 신념(Irrational Beliefs, IB)에는 어떤 것이 있는가?
4. 합리적 신념은 유지하고 비합리적인 신념은 수정하여 내담자로 하여금 삶에 대한 효율적인 새로운 철학(Effective New Philosophies, E)을 형성하게 하고, 이를 견고하고 지속적으로 유지시켜 줄 수 있는 정서적/행동적 기법, 인지적 논박(D)에는 어떤 것이 있는가?
5. 어떤 사고, 감정, 활동이 내담자의 호전을 잘 유지시켜 주고 내담자가 자기실현을 통해 삶을 즐길 수 있도록 돕는 데 최선일까?

평가를 시작할 때 일반적으로 환자에게 문제가 되고 있는 결과

(Consequences, C)를 먼저 탐색한다. 이는 이런 결과가 내담자가 가장 고통스러워하는 호소 문제인 경우가 많으며, 결과를 살펴보는 과정에서 내담자의 반응이 상황에 비추어 합리적인 것인지, 비합리적인 것인지를 가늠해 볼 수 있기 때문이다. 결과를 살펴보기 위해서 '그 점에 대해서 어떻게 느끼세요?' '그런 일이 일어났을 때 신체 반응은 어땠습니까?' '당신은 어떻게 행동했습니까?' 와 같은 질문이 유용하다. 이와 같은 질문에 대한 답변은 매우 다양하며, 더 깊은 수준으로 계속 탐색해 감으로써 이런 상황에서 실제로 무엇이 일어났는지 알 수 있다. 예를 들어 환자는 자신이 '혼란감을 느꼈다.' 고 보고한다. 이에 치료자는 환자가 경험한 혼란감이 구체적으로 어떤 것이었는지 평가해야 한다. 분노인가, 우울인가, 질투심이나 불안, 혹은 이 모든 것이 뒤섞인 것인가? 또는 슬픔이나, 좌절감, 실망감은 아닌가? 슬픔이나, 좌절, 실망감 등은 상황에 대한 합리적인 반응일 수도 있다. 또 다른 예로 다른 사람에게 불쾌한 대접을 받은 사람이 상대방을 멀리한다면 그것은 합리적인 결정일 수 있지만, 폭식을 보인다면 그것은 비합리적인 행동일 것이다.

모건은 첫 치료회기에서 자신의 직장 동료인 빌과의 관계에서 혼란감을 느낀다고 말하였다. 혼란감이 무엇인지 구체적으로 물었을 때, 그는 분노감과 실망감이라고 말했다. 그는 빌과 협력 관계를 만들기 어렵다는 점에 실망하고 있었다. 이런 실망감은 협력하고자 하는 소망이 좌절된 것에 대한 자연스럽고 적절한 반응이다. 따라서 우리는 분노감에 대해서 작업하기로 결심했다. 모건의 분노는 그 자신에게 상당한 고통을 유발하고 있는 건강하지 못한 감정이었다.

일단 내담자가 도움을 청하고 있는 가장 고통스러운 결과(C)가 무엇인지 확인하면, 이런 결과를 촉발한 사건(Activating events, A)을 철저하게 평가해야 한다. 만일 부정적 결과가 여러 개라면 어떤 것을 먼저 다룰지 우선순위를 정해야 할 것이다. 내담자가 고통스러운 감정을 겪는다고 해도 항상 고통 속에 있는 것은 아니다. 그러므로 부정적인 결과가 어떤 상황, 어떤 사람에 의해 유발되며 어떤 사고를 동반하여 나타나는지를 찾는 것이 중요하다. 다음과 같은 질문이 탐색에 유용하다. '당신은 언제 그처럼 느끼고 행동합니까?' '보통 어떤 상황에서 그와 같은 결과가 발생합니까?' 촉발 사건을 찾기 위해 내담자에게 고통스러웠던 가장 최근의 일을 떠올려 보게 하는 것이 유용하다.

모건은 빌이 사무실에서 '자신의 역할을 다하지 않는다고' 생각될 때 화가 났다. 최근 빌은 야구 경기를 본다고 업무도 끝내지 않고 사무실에서 일찍 퇴근해 버렸다. 모건은 밤늦게까지 혼자 남아 일을 했으며, 저녁 내내 빌의 행동에 화가 났고 집에 돌아가서도 그의 '나태한 직업의식' 에 대한 생각으로 잠을 이루지 못했다. 그리고 그 후 며칠간 모건은 빌에게 불친절하고 험하게 행동했다. 모건에 따르면 이런 일이 일이 주에 한 번꼴로 발생한다고 한다.

다음 단계는 부정적 결과(C)를 유발하는 신념(Beliefs, B)을 찾는 것이다. 이를 탐색하기 위한 질문으로는, '당신이 질투심을 느낄 때(혹은 우울할 때, 폭식할 때) 속으로 어떤 말을 합니까?' '당신의 어떤 생각이 화나게(혹은 불안하게) 만들었습니까?' '당신이 그와 같이 느끼거나 행동할 때 어떤 생각이 머리를 스치고 지나갔습니까?' 등이 있다. 이런 질문을 통해서 합리적인 신념과 비합리적인 신념을 모두 확인할 수 있다. 다음의 내용을 마음에 새기고 있는 것이 중요하다.

> 합리적인 신념(RB)은 건강하고, 생산적이고, 적응적이며, 사회적 현실에 부합하는 생각이다. 이와 같은 신념은 선호(preference), 바람(desires), 원함(wants)의 형식을 취하고 있다.
>
> 비합리적인 신념(IB)은 경직되고, 독단적이고, 건강하지 못하며, 부적응적이고, 목표를 이루고자 하는 우리의 노력을 상당히 방해한다. 비합리적인 신념은 요구(demand), 당위(shoulds) 및 강요(musts)의 형식을 취하고 있다.
>
> 치료자는 부정적인 결과를 일으키는 비합리적인 말(IB)를 기록하는 한편, 합리적인 말(RB)을 탐색하고 긍정적으로 강화하는 작업을 해야 한다. 평가의 목적은 숨겨진 비합리적인 신념, 즉 당위적 요구, 파국화, 전반적인 자기 비하 및 타인 비하, 좌절에 대한 낮은 인내력(I-can' t-stand-ititis) 등을 밝혀 내는 것이다. 이런 탐색은 다양한 방식으로 여러 차례에 걸쳐 반복된다.

모건은 빌에게 화났을 때 들었던 생각이 '그는 일하지 않는데 나만 이렇게 열심히 일하는 것은 불공평하다.' '그는 (자신이 마땅히 해야 할 만큼) 충분히 일하지 않는다.' '나를 이런 상황으로 몰아넣은 그놈은 진짜 나쁜 놈이다.' '나도 빌처럼 쉬고 싶다.' 등이었다. 여기서 마지막 문장은 건강하고 합리적인 것이다. 쉬고 싶은 모건의 바람이 실제로 어떤 문제를 만들어 내는 것은 아니다. 이런 바람이 그를 낙담시키기는 하지만 지나친 혼란감을 야기한다든가 부적절한 행동을 초래하지는 않는다. 그러나 그 앞의 두 생각은 모건을 고통에 빠뜨리고 있다. 그는 빌이 지금의 모습과는 완전히 다르게 행동해야 한다고 경직되고 비합리적으로 요구하고 있다. 또한 빌이 직장에서 보이는 한 가지 행동을 두고 인격적으로 '나쁜 놈' 라고 부르고 있다. 모건은 또한 더 많은 시간을 일해야 한다는 자신의 생각에 기초해서 빌 역시 그렇게 하지 않으면 안 된다고 비논리적으로 생각하고 있다. 마지막으로 모건은 내가 이렇게까지 열심히 일할 필요가 있을까 하는 생각이 들면서 인내심의 한계에 부딪혔다.

내담자와 함께 부정적 결과에 대한 ABC를 파악한 후, 평가 시 드러난 비합리적인 신념을 따져 보고, 검증해 가면서 궁극적으로는 좀 더 합리적인 생각으로 이를 대체해 나가야 한다. 5, 6, 7장에서는 이와 관련된 다양한 기법을 소개하였다. 어떤 내담자는 ABC 모델을 생소하게 느끼는데, 이 경우 REBT에 대한 설명을 하느라 초기 평가에 소요되는 시간이 늘어날 수도 있다. 이에 대한 한 가지 해결책은 치료를 시작할 때, REBT의 이론과 ABC 모델에 대해 소개하고 질문도 충분히 받아 궁금증을 해결할 수 있는 기회를 갖는 것이다. 경험에 따르면 일부 내담자는 처음부터 ABC 양식에 따라 자신의 문제를 잘 기술하기도 하지만, 대다수의 내담자는 연습이 반복적으로 필요하다.

또 한 가지 유념해야 할 점은, 3장에서 소개된 그레이스와 브루스의 예에서 볼 수 있듯이 부정적 결과(C)가 종종 촉발 사건(A)이 될 수 있다는 것이다. 즉, 결과가 다른 ABC 과정의 촉발 사건이 되는 것으로, 평가 시 이런 가능성을 탐색하는 것이 매우 중요하다. 예를 들어 모건은 빌에게 처음에는 화가 났는데, 시간이 흐르면서 죄책감을 느끼고 자책하게 되었다. 이 경우 그의 분노(처음에는 C였던)는 이차적인 촉발 사건이 되었으며, 이 촉발 사건이 죄책감과 자기비하를 유발하였다. 이 같은 과정에는 다음과 같은 자기 말(신념)이 작용하고 있었다. '빌에게 그렇게 심술궂게 대해서는 안 되는데….' '친구에게 화를 내다니 내가 정말 싫다.' 다음과 같은 질문을 통해서 이차적인 문제를 평가할 수 있다. '화나고(혹은 불안하고, 우울해하고) 그렇게 행동하는 자신이 어떻게 느껴지세요?' 만일 내담자가 그 문제에 대해 이차적인 괴로움을 경험하고 있다면 먼저 이차적인 문제를 다루고 초기 문제로 들어가는 것이 좋다. 간혹 내담자가 처음에 주요 문제라고 털어놓은 것이 나중에 이차적인 문제로 밝혀지기도 한다. 그러므로 치료 기간 내내 내담자에게 계속 질문함으로써 문제에 대한 가설을 지속적으로 검증하고 재개념화해 나가는 것이 매우 중요하다.

REBT에서 평가과정은 지속적인 과정이다. 즉, REBT 과정 내내 치료자는 내담자가 어떤 촉발사건(A)로 인해 고통을 느끼는지, 촉발 사건에 대해 어떤 비합리적인 신념(IB)을 갖고 있는지, 내담자가 자신의 비합리적인 신념을 얼마나 정확하게 인식하고 있는지, 그리고 얼마나 효율적이고 단호하게 비합리적인 신념을 논박(D)하고 있고,

이를 통해 효율적인 새로운 철학(E)에 이르렀는지 등을 평가해야 한다. 이 과정에서 치료자는 내담자 문제의 핵심을 깊이 이해할 수 있으며 내담자에게 적절한 기법이 무엇인지 알아낼 수 있을 것이다. 각 내담자에게 효과적인 변화를 가져오는 기법을 찾아 교육하고, 효과가 없는 기법은 과감히 버려야 한다. 치료자는 자신이 선호하는 REBT 기법만을 고수해서는 안 되며, 때로는 그다지 선호하지 않는 기법도 사용할 수 있어야 한다. 심지어는 별로 찬성하지 않는 다른 치료 접근의 기법도 사용할 필요가 생긴다.

REBT의 기법이든, 비REBT의 기법이든 반드시 사용해야만 하는 기법이란 있을 수 없다. 단지 각 내담자에게 가장 효과적인 기법이 있을 뿐이다. 폴(Paul, 1967, p. 11)의 권고와 같이 치료자는 스스로에게 다음과 같은 질문을 던져야 할 것이다. "이런 조건하에, 이런 문제를 가진, 이런 내담자에게 어떤 치료자가 가장 효과적으로 적용할 수 있는 치료는 어떤 것인가?" REBT 기법은 융통성을 갖고 적용되어야 할 것이다.

요 약

- 평가는 치료에서 핵심적이고 지속적인 과정이다.
- 가장 효과적인 평가는 전반적인 신상정보, 이전 치료 경험에 대한 내담자의 보고, 현재 문제에 대한 철저한 이해 그리고 객관

적인 자료를 모두 포함해야 한다.

- 내담자가 여러분의 치료형태에 대해서 얼마나 알고 있는지 평가하고, 여러분의 치료 접근에 대한 설명을 초반에 적절히 해주는 것이 필요하다.
- 주요 문제에서 파생된 이차적인, 삼차적인 문제가 있는지 평가하는 것이 중요하다.

제5장

REBT의 인지적 기법

지금까지 합리적 정서행동치료의 이론과 실제에 대해 전반적으로 살펴보았다. 이 시점에서 독자는 다음과 같은 의문을 가질 수 있다. '어떤 목표를 향해 가야 할지는 알겠으나, 가는 방법을 모르겠군.' 그러나 안심하길 바란다. 많은 초보 치료자가 이 시점에서 으레 이와 같은 의문을 갖는다. 합리적 정서행동치료 워크숍의 참여자도 유사한 질문을 자주 던진다. 무엇보다도 기본 개념을 이해하는 것이 이 치료 접근방법을 성공적으로 적용하는 데 있어 중요하다. 하지만 실제적인 기법을 익히지 않는다면 많은 시간을 낭비할 수 있다는 점에서 실제적인 기법을 익히는 것 또한 필요하다.

합리적 정서행동치료의 기본 이론은 비교적 단순하기 때문에, 치료자 중에는 간혹 REBT에 대한 책을 한두 권 읽기만 하면 바로 내담자를 치료할 수 있을 것이라고 오해하는 사람들이 있다. 그러나 실제 현장 경험을 해 본 치료자라면 어떤 이론을 안다고 해도 그 이론대로 치료를 수행하는 것이 그리 쉽지 않다는 것을 잘 알 것이다. 다음에 이어지는 5, 6, 7장은 실제 치료 장면에서 사용할 수 있는 기법에 대해서 소개하고 있다. 각 기법은 내담자가 자신의 역기능적인 인지적, 행동적, 정서적 패턴을 확인하고, 명료화하고, 면밀하게 따져 보고, 변화시킬 수 있도록 돕는다. 사고, 행동, 정서는 서로 긴밀한 연관을 맺고 있다는 점에서, 다음에 제시될 각 장의 내용은 서로 배타적이라 할 수 없다. 많은 기법이 서로 중복되는 면이 있지만 각 기법에서 가장 역점을 두는 부분에 따라 분류하려 했다. 기법을 사용할 때에는 치료자가 직접 이 기법을 실험하고 적용해 보는 노력이 필요하다. 그렇게 할 때 이 기법이 개인의 치료적 스타일과 통합되어 용이하게 적용될 수 있을 것이다.

내담자에게 합리적 정서행동치료를 적용하기에 앞서 지켜야 할 두 가지 사항이 있다. 첫째, 내담자에게 ABC 모델의 이론과 유용성을 설명해 주고, 내담자가 이에 대해서 기본적인 이해를 충분히 하고 있다고 치료자가 확신할 수 있어야 한다. 둘째, 역경에 처했을 때 자신이 한 반응에 대한 책임은 자신에게 있다는 점에 대해 내담자가 잠정적으로라도 동의를 할 수 있어야 한다. 이런 두 가지 사항이 해결되면, 새로운 변화를 향한 준비는 끝난 셈이다.

독자들은 이 장을 포함해서 세 개 장에 걸쳐 다루어지는 REBT 기법에 대해서 읽고 나면 특정 절차에 대해서 더욱 자세히 알고 싶을 수 있다. 이 책 뒤에 실려 있는 참고문헌이 이런 갈증을 충족시켜 주는 데 도움이 될 것이다.

4 논박하기

REBT에서 가장 널리 알려진 기법 중에 하나는 논박일 것이다. 논박은 내담자의 신념 체계가 얼마나 유용한 것인지 스스로 평가하도록 돕는 적극적인 기법이다(Bernard, 1991, 1993; Dryden, 1994; Ellis, 1962, 1973, 1985, 1988; Ellis & Grieger, 1977, 1988, Ellis & Harper, 1975; Walen, DiGiuseppe & Dryden, 1992; Yankura & Dryden, 1990). 내담자가 REBT의 ABC에 익숙해지면, 논박을 통해 고통을 야기하는 경직되고 융통성 없는 신념을 찾아내고, 토의하며, 새로운 생각으로 대체해 나가야 한다. 또한 치료자는 이런 기능적, 경험적, 논리적 도전을 다른 영역으로 일반화시킬 수 있도록 도와줄 수 있어야 한다.

논박은 교육적인 방식과 소크라테스적인 방식으로 진행될 수 있다. 교육적인 방식은 정보를 전달하는 과정으로, 이때 치료자는 낯선 용어에 대해 설명하거나, 합리적 신념과 비합리적 신념이 어떻게 다른지 이해시킨다. 4장에서 이미 다룬 것처럼 합리적 신념(RB)은 융통성 있고, 적응적이며, 개인의 목표를 성취하도록 돕는 기능을 하며, 사회적 현실에 부합된다. 반면 비합리적 신념(IB)은 경직되고, 독단적이며, 사회적 현실에 맞지 않고, 목표를 성취하는 데 악영향을 미친다. 교육 과정에서 치료자는 합리적 신념과 비합리적 신념을 예를 들어 설명하고, 내담자의 신념으로 보이는 것을 잠정적으로 제안한다. 교육은 내담자에게 합리적 정서행동치료가 무엇인가를 알려 주는 것으로 치료 초반에 유용하다. 그러나 초기가 지나면 내담자의 비합리적 신념을 찾아내고 논박하기 위해서 소크라테스적인 방식, 다시 말해서 질문을 많이 던지는 것이 필요하다. 소크라테스적인 방식은 내담자가 논박과정에 좀 더 깊이 참여할 수 있도록 돕는다. 계속되는 질문에 답하면서 내담자는 자신의 생각, 감정, 행동이 어디서 어떻게 문제가 되어 왔는지 깨달아 갈 것이다.

우리 대부분은 자신의 반응을 강하게 지배하는 세상에 대한 신념체계를 가지고 있다. 그런데 이런 신념이 유용하지 않고, 비현실적이며, 비논리적일 때조차도 신념에 대해 의문을 제기하는 경우는 거의 없다. 뿐만 아니라 우리는 이런 신념을 자주 강화시키며 살고 있는데, 이 과정이 얼마나 강력하게 작동하고 있는지 거의 지각하지 못한다. 그렇기 때문에 비합리적인 신념 체계를 깨기 위해서는 강한 논박이 필요하다. 이 책의 공저자인 맥라렌은 수년 전, 정기적으로 모든 업무절차에 대해서 재고하도록 하는 조직에 몸담은 적이 있었다. 만일 특정한 업무절차를 유지해야 하는 분명하고, 논리적이며 경험적으로 증명 가능한 이유를 제시할 수 있으면, 그 업무절차는 계속 유지되었다. 그러나 유지해야 할 이유를 찾기 어려운 절차는

폐기되었고, 새로운 절차가 고안되어 실험에 들어가곤 했다. 이와 같은 과정이 바로 내담자가 자신의 신념체계를 대상으로 치료과정에서 해야 할 일이다. 4장에서 논의한 것처럼 효과적인 논박을 하기 위해서 우선 내담자가 가진 비합리적인 신념을 찾아야 한다. 내담자의 핵심적인 비합리적 신념을 찾아낸 후, 치료자는 내담자가 그 신념을 수정할 수 있도록 도와야 한다. 논박의 방법은 다음의 네 가지로 정리될 수 있다.

기능적 논박

기능적 논박(Functional Disputes)의 목적은 내담자에게 그의 신념과 그에 수반하는 정서, 행동의 실제적 유용성에 대해 의문을 갖도록 하는 것이다. 즉, 내담자가 지닌 신념, 행동, 정서가 내담자가 추구하는 목표를 성취하는 데 얼마나 도움이 되는가를 평가한다. 일반적으로 다음과 같이 질문한다. '그것이 당신에게 도움이 됩니까?' 혹은 '이런 방식으로 생각을 지속하는 것이(혹은 이런 방식으로 계속 행동하는 것이, 이런 감정을 계속 품는 것이) 당신에게 어떤 영향을 줄 것 같습니까?' 기능적 논박을 통해 내담자는 자신의 신념이 정말로 원하는 목표 달성에 방해가 되고 있다는 점을 깨닫게 될 것이다. 흔히 내담자는 자신의 특정 신념(행동, 정서)이 자신을 고통스럽게 한다는 것을 여러 방식으로 확인할 수 있다. 전형적인 기능적 논박은 다음과 같이 이루어진다.

이　안: 내 여자친구가 다른 남자와 이야기를 나누면 정말 괴로워요.

치료자: 어떻게 괴로우세요?

이　안: 그러니까, 처음에는 강한 질투심이 일어나죠. 나중에는 그들의 대화를 당장 끊어버리고 싶어지죠.

치료자: 질투심이 드는 이유가 있을 텐데요?

이　안: 여자친구가 그 사람을 더 좋아하게 되어 절 떠나 버릴 것 같아요.

치료자: 만약 여자친구가 당신을 떠난다면 어떻게 될 것 같습니까?

이　안: 전 그 상황을 견디지 못할 겁니다. 제 삶은 엉망이 되어 버릴 거예요.

치료자: 여자친구가 떠난다는 것이 당신 자신에 대해서 뭘 말해 주나요?

이　안: 제가 좋은 사람이 아니라는 거죠. 제게 뭔가 문제가 있다는 뜻이에요.

치료자: 당신에게는 여자친구가 떠난다는 것이 곧 당신이 좋지 않는 사람이라는 걸 의미하는군요. 그런데 그렇게 생각하는 것이 당신에게 무슨 도움이 되나요?

이　안: 사실 전혀 도움이 안 되는 생각이긴 하죠. 그런 생각은 저의 화만 돋구죠.

치료자: 그 상황에서 화가 나기 시작하면, 어떻게 행동합니까?

이 안: 저는 보통 어리석은 행동을 해 버리고 맙니다. 재키가 임자 있는 사람이라는 것을 보여 주기 위해 그녀에게 키스를 해 버리거나 아니면 재키에게 소리를 지르거나 난폭하게 화를 내는 등 소란을 피워요.

치료자: 그러고 나서는요?

이 안: 그러고 나면 재키는 저에게 무척 화를 내고, 우리는 말다툼을 합니다. 그럼 저는 죄책감을 느끼면서 저 자신이 밉고 싫어져요.

치료자: 당신이 정말 원하는 것은 재키와의 관계를 계속 유지하는 겁니다. 맞지요?

이 안: 네.

치료자: 자, 우리는 이야기 중에 다음과 같은 점을 알아냈습니다. 당신은 여자친구 없이는 살 수 없다고 믿고 있어요. 그런 믿음이 첫째, 그런 상황에서 당신을 몹시 화나게 만들고 둘째, 나중에는 후회할 행동을 하게 하고 셋째, 당신이 그토록 원하는 사람을 더 멀어지게 하고 있습니다. 그녀도 결국 당신에게 화를 내게 되고요. 그런가요?

이 안: 맞습니다.

치료자: 좋아요. 다시 묻겠습니다. 그 믿음이 당신의 삶에 어떤 영향을 주고 있습니까?

이 안: 정말 나쁜 영향을 주고 있습니다.

치료자: 그런데도 그 믿음을 고집하고 싶으신가요?

이 안: 선생님과 얘기를 나누다 보니, 그 믿음을 던져 버리고 싶어지네요.

이와 같은 직접적인 소크라테스식 질문을 통해, 내담자는 문제를 야기하는 신념에 대해 증거를 따져 가며 유심히 살펴보게 될 것이다. 그러나 실제로 기능적 논박을 아무리 열심히 한다 해도, 내담자의 신념이 하루아침에 변하지는 않는다. 이는 내담자가 그와 같은 사고방식을 오랜 세월 동안 적용하고 강화해 왔기 때문이다. 치료자는 내담자에게, 비합리적 신념을 더욱 융통성 있고 현실적인 합리적 신념으로 바꾸었을 때 얼마나 많은 이득을 얻을 수 있을지 체계적으로 보여 주기 위해 노력해야 한다.

한편 내담자의 신념, 행동, 감정이 가져다주는 긍정적인 결과도 있을 수 있다. 제인은 자신의 세 살짜리 아들이 분노발작(tantrum)을 보일 때 경험하는 심한 분노 때문에 심리치료를 받게 되었다. 제인은 자신이 화를 낼 때마다 '자제력을 잃어버리는' 수준까지 가게 되고, 아이가 너무 겁을 많이 먹어 아이를 위해서라도 정말 화를 내고 싶지 않았다. 그렇게 화를 내고 나면 제인은 깊은 죄책감을 느꼈다. 제인은 이 같은 분노문제로 상담소를 찾았지만, 다른 한편 그녀는 화를 낼 때마다 자신의 긴장감이 해소되고, 아이가 빨리 조용해진다는 것을 알고 있었다. 그래서 치료자가 "분노가 당신에게 무슨 도움이 됩니까?"라고 질문했을 때, 그녀의 대답은 오락가락했다. 그 시점에서 치료자는 다시 물었다. "분노가 끼치는 손해가 많습니까? 아니면 이득이 많습니까?" 그리고 "그렇게 화를 내지 않고서도 바라는 결과를 얻을 수 있는 다른 방법은 없을까요?"라고도 물었다. 이와 같은 질문을 통해 두 가지 목적을 이룰 수 있다. 첫 번째는 제인이 자신의 분노가 주는 이득보다 손해가 많다는 것을 알게 된다는 것이고, 두 번째는 내담자의 변화 동기를 강화시켜 분노를 단념하고 싶게끔 할 거라는 점이다. 그 신념으로 인한 부정적인 결과가 그리 크지 않다면, 내담자는 도움을 청하지도 않았을 것이다.

4 경험적인 논박

경험적인 논박(Empirical Disputes)은 신념의 사실적인 근거를 평가한다. 달리 말하면, 내담자가 가진 신념이 사회적 현실에 부합하는가를 평가한다. 예를 들어 '그런 생각을 뒷받침할 만한 증거가 있습니까?' '그 말이 옳다는 증거가 어디에 있습니까?' '어디에 그런 말이 나옵니까?' 와 같은 질문을 들 수 있다. 경험적 논박은 비합리적 신념이 기반한 소망의 타당성을 논하는 것이 아니라는 점을 치료자는 기억할 필요가 있다. 또한 얼마나 많은 사람이 그런 신념에 동의하는지를 묻는 것도 아니다. 위와 같이 질문하면, 내담자는 흔히 자기 입장에서 그런 생각을 갖게 된 이유를 댈 것이다. 치료자는 경험적인 논박을 통해 신념의 경험적 근거를 찾는 것이지, 선호에 대해서 묻는 것이 아니다. 그러나 내담자는 처음에는 혼동하여 그런 생각이 자신에게 필요했다는 점을 이야기하곤 한다.

앞서 논의했던 질투심으로 고통받는 이안의 예를 살펴보자. 그는 비합리적인 신념, 즉 애인이 떠난다면 그것이 곧 그가 무가치하다는 것을 의미한다고 생각한다. 그런데 이 신념이 옳다는 근거가 어디에 있는가? 그는 여자친구를 잃으면 겪게 될 어려움과 고통에 대해서 여러 가지로 이야기할 것이다. 여자친구는 그를 버리고 다른 누군가를 찾아갈 것이고, 그럼 이안은 또 다른 관계를 찾아야 할 것이다. 이런 모든 과정에서 이안은 무척 가슴 아플 것이다. 그러나 치료자는 이 시점에서 다시 한 번, 연인과의 결별이 이안의 존재의 무가치함과 어떻게 관련되는지 초점을 맞추어 질문을 해야 한다. 당연히 이런 일로 한 사람의 존재 가치가 사라질 것이라는 증거는 어디에도 없다. 그럼에도 내담자는 너무도 강렬하게 오랫동안 자신의 가치감을 관계의 유지와 관련시키고 있었기 때문에, 실제로 그것을 사실처럼 믿고 있다. 이런 신념을 강하게 유지하고 있었기 때문에 결별은 내담자의 삶을 뿌리째 흔드는 일이 되며, 결별을 예상하는 것만으로도 부적응적인 행동과 감정을 경험하게 된다.

경험적 논박을 통해 내담자는 자신이 근거 없는 믿음, 다시 말해서 가만히 따져 보면 전혀 말이 되지 않는 신념을 고수해 왔다는 점을 이해하게 된다. 무엇보다 치료자가 경험적 논박을 하는 과정에서 내담자의 바람을 지지하고, 그의 염려를 알아 주며, 비합리적인 두려움과 합리적인 걱정을 구분할 수 있도록 돕는 일이 매우 중요하다.

4 논리적인 논박

논리적인 논박(Logical Disputes)은 내담자의 비합리적인 신념이 기반하고 있는 비논리적인 추론에 의문을 제기하는 것인데, 이런 비논리성은 내담자의 소망이나 바람에 의해 나타난다. 내담자가 어떤 일이 이렇게 되기를 바란다고 해서 꼭 그 일이 그렇게 되리라는 보장은 없다. 이와 같은 점을 다음과 같은 질문을 통해서 일깨울 수 있다.

'이 일이 사실이기를 바란다거나 당신에게 편하다고 해서, 이 일이 반드시 그렇게 되는 것일까요?' 혹은 'X 뒤에 Y가 반드시 나오리라는 논리는 어떻게 나온 것이지요?' 내담자는 이와 같은 질문에 그 일이 사실이었으면 하는 자신의 소망이 타당하다는 점을 여러 가지로 제시할 것이다. 하지만 내담자의 신념이 비합리적일 때, 논리적으로는 근거를 찾을 수 없는 것이 보통이다. '당신은 이제까지 많은 일에서 실패해 왔지만 또 많은 일에서 성공해 왔습니다. 그런데 지금 중요한 일 한 가지에서 실패했다고 해서 당신을 실패자라고 여기는데, 그렇게 생각하는 논리가 무엇인지 궁금하네요. 실패가 당신을 무가치하게 만든다고요? 어떻게 해서 그런 것인지 알고 싶군요.'

척은 자신이 직업도, 애인도, 꿈도 없이 지낸다는 점에 대해 매우 우울해하고 있다. 34세인 척은 관계나 직업을 찾기 위해 나름대로 시도는 하고 있었지만 어느 하나도 제대로 노력을 기울여 본 적이 없었다. 그는 이에 대해 “그건 내 맘에 딱 맞는 것이 하나도 없었기 때문이죠.”라고 말했다. 어떤 직업이나 어떤 사람이든 자신의 눈높이에 차지 않는다고 여기고, 무엇을 해도 대충 몰입했기 때문에 결국에는 환멸을 느끼면서 그만두곤 했던 것이다.

그의 우울증은 크게 두 가지 생각과 관련된다. 첫째, 그는 자신의 과거를 회상하면서 스스로를 자책하며 분노했다. ‘항상 시간 낭비만 해 왔어. 정말 싫다.’ 또한 그는 앞으로 닥칠 미래도 비관적으로 생각하며 우울해졌다. ‘난 절대로 내가 원하는 대로 될 수 없을 거야. 항상 불만족스럽게 살겠지.’ 이런 생각은 다시 자기 충족적 예언이 되어 그에게 돌아왔다.

이 경우 치료자는 다음과 같은 논리적 논박을 시도할 수 있다. ‘완벽한 상황이 되어야만 열심히 할 수 있다는 생각이 논리적으로 타당한가요?’ 그리고 ‘당신이 어떤 영역에서 많은 성공을 하지 못했다고 해서 앞으로도 계속 실패만 할까요?’ 이런 논박을 통해 그는 점차 자신의 태도에 문제가 있다는 것, 즉 자신이 인생에 대해 비현실적인 기대를 품어 왔다는 것을 깨닫게 되었다. 그는 완벽하지 않은 것은 하지 않으려는 비논리적인 태도를 지니고 있었으며, 결국 그런 태도가 문제를 만들어 왔다. 그가 일단 자신의 생각을 바꾸기 시작하자 실제로 그에게 긍정적인 변화가 일어났고, 미래도 더욱 낙관적으로 보게 되었다.

4 철학적인 논박

철학적인 논박(Philosophical Disputes)에서는 삶에 대한 만족이라는 주제를 내담자와 함께 다룬다. 내담자는 눈앞의 문제에 너무나 몰두해 있어, 삶의 다른 부분에 내재한 가능성을 보지 못하는 경우가 많이 있다. 내담자는 눈앞의 문제가 해결되지 않으면 자신의 실존이 위협받을 것이라 생각하기도 한다. 이런 부분을 논의하기 위해 다음과 같이 질문할 수 있다. '이 부분에서 당분간 당신이 원하는 대로 되지 않을지라도 다른 부분에서 만족을 느끼고 행복할 수 있지 않을까요?' 내담자가 삶을 바라보는 시각이 당면한 문제로 인해 왜곡되어 있기 때문에, 문제가 없는 다른 영역에 대한 현실검증을 해보는 것이 내담자에게 많은 도움을 줄 수 있다.

제이의 사례를 같이 살펴보자. 제이는 30대의 남성으로 평생의 '동반자' 이기를 바랐던 사람과 헤어지면서 치료를 받게 되었다. 이별로 인해 겪게 되는 상당한 고통도 문제였지만, 무엇보다 그의 신념, 즉 '제대로 된' 관계를 만들기 전까지는 결코 행복할 수 없을 것이라는 생각이 더욱 문제였다. 치료자는 긍정적이고 건강한 연인을 만들려는 제이의 노력을 지지하면서, 그가 '그 관계' 를 제외한 나머지 영역에서 만족하고 있다는 것을 깨닫도록 노력했다.

연애관계를 제외한 다른 영역에서 제이는 생활을 잘하고 있었다. 그는 건강했고 의지할 만한 대인관계가 많이 있었고, 즐거운 여가활동에 데이트할 기회도 자주 있었으며, 경제적으로도 여유가 있었을 뿐 아니라 일도 성공적으로 잘해 나가고 있었다. 그럼에도 그는 오래 지속되는 좋은 연인이 없는 한 삶은 가치 없는 것이라는 신념을 고집스럽게 붙들고 있었다. 그러던 중 전혀 예측하지 못한 일이 갑작스럽게 일어났다. 그의 직장에서 인원감축을 하면서 그를 해고한 것이다. 그의 치료에 큰 변화가 생겨났다. 그는 비로소 자신이 얼마나 많은 것을 당연하게 누려 왔는지 깨닫게 되었다. 그는 이성 관계를 제외하고 참으로 잘 살아 왔다. 그가 불행을 통해 이런 깨달음을 얻게 된 것은 안타까운 일이지만, 결과적으로 그는 인생의 깊은 교훈을 배우게 되었다.

마지막으로 논박의 과정에서 유의할 점을 살펴보도록 하자. 논박은 내담자가 스트레스를 많이 받지 않는 편한 상황일 때 진행하는 것이 매우 중요하다. 스트레스를 받을 때 사람들은 보통 예전의 사고 패턴으로 되돌아간다. 따라서 내담자가 스트레스를 받고 있을 때 논박을 진행하게 되면 효과가 반감될 가능성이 높다. 논박은 스포츠 게임이나 음악회를 앞두고 미리 연습을 하는 것과 상당히 유사하다고 할 수 있다. 선수나 연주자가 자신의 수행에서 고쳐야 할 점을 발견했다면 평소에 부단한 연습을 하여 중요한 게임이나 음악회에서 좋은 기량을 선보이려 할 것이다. 논박도 마찬가지 원리로 적용되어야 한다. 내담자 입장에서는 현재 특별히 고통을 느끼지 않는 문제에 초점을 맞추는 것을 꺼릴 수도 있다. 그러나 스트레스를 받지 않는 시기에 논박을 하여 자신의 생각을 검토하고 다져 놓는다면 상당한 효과를 얻을 수 있을 것이다.

4 합리적 대처말

합리적 대처말(Rational Coping Statements)은 보통 논박을 설득력 있게 진행시키고 난 후에 적용하는 일종의 자기말(self-statement)이지만, 때로는 내담자의 신념을 탐색하는 과정 중에도 적용될 수 있다. 합리적 대처말은 내담자에게 용기를 불어넣는 말로서 사회적 현실에 부합하는 내용으로 이루어진다. 내담자는 이 말을 스스로에게 반복함으로써 그런 생각을 스스로에게 강화시킨다.

예를 들어 다음과 같이 스스로를 독려하는 말을 할 수 있다. '난 할 수 있어.' '이런 상황에서 내가 굳이 화낼 필요는 없어.' 때로는 더욱 깊이 있는 철학적인 자기말이 바람직할 수도 있다(Dryden, 1994; Ellis, 1957, 1988; Yankura & Dryden, 1990). 예컨대 '나는 이 일을 완수하기 위해 노력할 거야. 그렇지만 내가 이 일에서 성공하지 못한다고 하더라도, 그것이 곧 실패자라는 것을 의미하는 것은 아니야.' '그 사람이 행동하는 방식이 맘에 들지는 않아. 하지만 굳이 그가 변하지 않아도 난 잘 대처할 수 있어.' 앞의 네 가지 진술문은 모두 대처말이지만, 마지막 두 문장은 단순히 긍정적인 말을 되풀이하는 데 그치지 않고 신념체계 전체를 합리적으로 바꾸는 데 도움을 줄 수 있다.

모델링

모델링(Modeling)은 내담자가 자기 틀에서 벗어나도록 하는 데 효과적일 수 있다. 내담자는 평소 존경하는 사람으로 책에서 접한 인물이나 개인적으로 아는 사람을 선정한다. 치료자는 그 사람의 어떤 특성이 닮고 싶은지 내담자에게 묻고, 치료 기간 동안 그 사람을 참고할 대상으로 삼는다.

제니는 치료 중에 그녀의 친구인 톰과 같이 되고 싶다고 말한 적이 있다. 제니는 지난 2년간 사귀었던 남자와 결별하면서 겪게 된 우울감으로 인해 치료를 받게 되었다. 그녀는 연애를 하는 동안 취미생활도 제대로 하지 않고, 일도 열심히 하지 않았으며, 친구관계도 소홀해 왔기 때문에 자신이 한참 뒤처져 있다고 생각하고 있었다. 또한 다른 남자와 깊은 관계가 시작된다고 하더라도 이번과 같이 또 헤어지게 될 것만 같아 두려웠다.

치료자가 톰이 어떤 사람인지 물었을 때, 제니는 톰이 평소 여러 영역 간의 균형을 잡는 데 뛰어나며, 연애를 하고 있을 때조차 균형을 잃지 않는 모습이 좋아 보인다고 말했다. 톰을 모델로 놓고 여러 가지로 탐색을 하는 과정에서 제니는 자신이 연애관계에 몰두하느라고 그 이외의 것은 부차적인 것으로 여겨 왔다는 사실을 깨닫게 되었다. 그에 반하여 톰은 연애를 할 때나 하지 않을 때나 여러 목표와 과제를 성취하기 위해 변함없이 노력했으며, 연애를 자신의 삶을 절대적으로 결정하는 것이 아닌 삶에 부가되는 것으로서 바라보고 있었다.

제니는 톰과 자신의 연애관에서의 차이점을 검토하면서 점차 비합리적인 생각('나는 반드시 사랑받아야만 해.' '연애를 하지 못하고 있으면 그건 실패자나 마찬가지야.')을 좀 더 합리적인 것으로 바꾸어 나갈 수 있었다.

참조하기

참조하기(Referenting)는 일종의 가벼운 '비용대비 효과 분석(cost benefit analysis)'을 하는 것으로 시작된다. 참조하기 과정에서 내담자는 자신의 비합리적인 생각과 행동을 변화시킬 때 수반하는 실제적 이득과 손실을 따져 리스트를 만들어 본다.

이런 기법의 목적은 내담자로 하여금 변화하고자 하는 이유를 마음속에 되새기게 함으로써 변화의 동기를 강화시키고자 하는 데 있다. 여기에서는 내담자가 이 리스트를 늘 간직하고 다니면서 정기적으로 검토하도록 만드는 것이 매우 중요하다(Danysh, 1974; Ellis & Velten, 1994). 이런 기법은 내담자가 해로운 습관에 중독되어 있는 경우에 특히 유용하다. 예를 들어 흡연자의 경우 자신의 담배중독의 단점을 10~15개 정도 적어 놓고 하루에 5~10번 정도 의식적으로 보도록 한다.

인지적 과제

연습을 계속해서 반복하는 것이 변화를 가져오는 데 대단히 중요하다. 이것이 내담자에게 인지적 과제(Cognitive Homework)를 주는 이유다. 치료 회기 사이의 시간 역시 회기 내 시간만큼이나 내담자에게 긍정적인 변화를 촉진하는 데 중요하다. 내담자에게 회기 이외의 시간에도 촉발 사건을 찾고, 비합리적 신념을 탐색하여, 이것에 대해 적극적으로 논박하면서 이를 더욱 효과적인 대처말로 대체해 보라고 권유한다(이 장 끝에 실려 있는 REBT 과제 양식 참고).

독서치료/심리교육적 숙제

독서치료와 심리교육적 숙제를 도입하면 치료 과정을 보완하고 이후 회기에서 행할 작업을 더 강화할 수 있다. 유익한 시청각 자료, 팸플릿, 책, 강연, 워크숍, 특정 주제에 대한 집단 모임을 통해 내담자는 자신의 문제에 대한 이해를 높이고 부적절하고 무익한 자신의 반응을 변화시키고자 하는 동기를 진작시킬 수 있다. 치료자는 여러 자료를 제시한 뒤 그런 자료가 실제로 내담자에게 도움이 되었는지 평가해야 하며, 내담자가 그 자료와 관련된 질문을 던질 수 있으므로 이에 대비해야 한다.

REBT 자조(Self-help)

A (촉발 사건 혹은 역경)

- 현재 어려움을 겪고 있는 상황을 간단히 요약한다
- A는 내적/외적 사건, 실제/가상 사건이 모두 가능하다
- A는 과거, 현재, 미래의 사건이 모두 가능하다.

C (결과)

주요 건강치 못한 부정적인 감정:

주요 자기파괴적인 행동:

건강하지 못한 부정적 감정의 예 :

- 불안 · 우울 · 분노 · 참기 힘든 좌절감
- 수치심/당혹스러움 · 상처받음 · 질투 · 죄책감

IB (비합리적 신념)

비합리적 신념의 특징:

- 독단적인 요구(반드시 ~해야 한다, 절대로 ~해야 한다)
- 파국화(끔찍하다. 끝장이다)
- 좌절에 대한 낮은 인내력(더 이상 참을 수 없어)
- 자기/타인 평가(나쁘다, 무가치한 인간)

D (비합리적 신념에 대한 논박)

논박을 위해 유익한 물음:

- 이런 생각을 부여잡고 있는 것이 나에게 도움이 되는가? 아니면 파괴적인가?
- 비합리적 신념을 지지하는 증거는 어디에 있는가? 이런 생각은 사회적 현실에 부합하는가?
- 나의 생각은 논리적인가? 단지 나의 선호에 의한 생각은 아닌가?
- 정말로 그렇게 끔찍한가?
- 내가 정말로 견딜 수 없는 일인가?

E (효율적인 새로운 철학)

합리적인 생각의 특징:

- 비독단적인 선호(소망, 바람, 원함)
- 나쁜 정도에 대한 적절한 평가(나쁘다, 운이 없었다)
- 좌절에 대한 인내력 키우기(좋아하지는 않아도 견딜 수 있어)
- 자기/타인을 싸잡아서 평가하지 않기(나/타인은 모두 실수할 수 있는 인간이다)

E (효율적인 감정과 행동)

새롭고 건강한 부정적인 감정:

새롭고 건설적인 행동:

건강한 부정적인 감정:

- 실망
- 걱정
- 슬픔
- 후회
- 좌절

확대적용

내담자가 자신의 주변 친구나 친척의 비합리적 신념을 수정하도록 돕는 경험을 해 본다면 자신의 문제를 좀 더 효과적으로 다룰 수 있을 것이다(Ellis & Abrahms, 1978).

치료자라면 모두 경험해 보았겠지만 자신의 문제보다 다른 사람의 문제를 분석하는 것이 더 쉬울 수 있다. 다른 사람의 비합리적 신념을 찾아보는 것은 자신의 신념을 찾는 것보다 훨씬 덜 위협적이며, 이런 경험이 내담자의 문제에까지 일반화될 수 있다. 단, 내담자가 이런 방법을 시도할 때 다른 사람에게서 항상 긍정적인 반응만 기대할 수는 없다는 사실을 내담자에게 미리 일러두는 것이 필요하다. 내담자는 자신의 말이 남에게 잘 수용되지 않는 것으로 보이는 사회적 단서에 주의를 두면서 온건하게 접근하는 것이 중요하다. 설사 내담자의 이야기가 상대방에게 제대로 받아들여지지 않았다 해도, 치료자는 타인의 문제에 대한 내담자의 통찰을 회기 중에 다루어 볼 수 있다

최근에 맥라렌은 6주짜리 자기주장 훈련 집단을 실시했다. 6회기 때 한 참가자는 다른 참가자가 남자와 변호사에 대해서 과잉일반화하는 이야기를 듣고 상당히 놀랐다면서 말을 꺼냈다. "저는 그 일에 대해서 혼자서 곰곰이 생각해 봤어요. 그리고 그분의 말씀을 듣게 된 것이 나에게 잘된 일임을 알았어요. 사실 저도 그런 종류의 말을

속으로 하곤 했는데, 막상 다른 사람 입에서 그런 얘기가 나오는 것을 들으니 좀 우습더군요. 사람들에 대해 과잉일반화하는 것이 관계에 무슨 도움이 되겠어요? 저는 이제 그런 생각을 더 이상 하지 말아야겠다고 결심했어요."

치료회기 녹음하기

우리 기관에서는 녹음기를 다음과 같은 이유로 미리 비치해 둔다. 많은 치료자가 경험한 것처럼 치료 회기 동안 내담자와 함께한 일을 다 기억해 내기란 극히 어려운 일이다. 다양한 많은 주제를 다루느라 난관에 봉착해 있는 내담자의 경우, 녹음된 치료내용을 본인에게 다시 들려주는 것이 매우 도움이 될 수 있다(Ellis & Abrahms, 1978; Ellis & Velten, 1992).

내담자는 녹음테이프를 반복해서 들으면서 추가로 생각해 볼 거리를 계속 찾아내며, 이런 과정이 치료를 강화할 수 있다. 또한 녹음된 내용을 들으며 내담자는 그 자신의 목소리에 진정으로 귀 기울여 보는 경험을 하며, 문제가 되는 자신의 사고를 찾아낼 수도 있다. 내담자가 녹음된 테이프를 듣고 나면 마치 다른 사람 이야기를 듣는 것 같다는 말을 자주 한다. 이런 경험은 자신이 한 말을 좀 더 객관적으로 볼 수 있게끔 돕는다.

재구성

재구성(Reframing)은 내담자가 자신의 문제를 새롭게 조망해 볼 수 있도록 돕는 방법으로 다양한 치료 접근에서 두루 사용되고 있다. 이 기법에서 치료자는 내담자가 자신의 문제를 긍정적인 관점에서 다시 볼 수 있도록 격려한다. 부정적인 촉발사건 경험이라 해도 적어도 치료시간에 배웠던 여러 가지 기법을 적용해 볼 수 있는 기회로 삼을 수는 있을 것이다. 촉발 사건을 위협적이고, 절대적이고 부정적인 방식으로 바라보는 것보다 이를 극복할 수 있는 하나의 도전으로 보고 적극적으로 수용하도록 해 본다(Ellis, 1965, 1985, 1988).

멈추고 살펴보기

멈추고 살펴보기(Stop and Monitor)는 회기 사이에 수행할 수 있는 과제다. 맥라렌은 덴버 대학의 도널드 크릴(Donald Krill) 교수에게서 이 기법을 배웠으며 이 기법이 내담자에게 매우 유용하다는 것을 여러 번 체험했다. 이 기법은 특히 자신의 사고를 찾아내는 데 어려움이 있는 내담자에게 유용하다. 우리가 스스로에게 하는 자기말은 내적으로 이루어지기 때문에 제대로 감지해 내기 어렵다. 이 기법을 통해 내담자는 자신의 최대의 적은 바로 자신의 생각일 수도 있다는 점을 알게 될 것이다.

먼저 내담자의 눈에 거슬리지 않는 여러 곳에 표식을 해 둔다. 예를 들어 맥라렌은 차의 계기판에 노란색 테이프를 붙였다. 그 밖에도 컴퓨터 모니터, 책상 위 달력, 약장 캐비닛 등에도 붙일 수 있다. 표식을 한 후 내담자가 일상생활을 하다 무심코 이 표식을 볼 때, 그 순간 머릿속을 스치고 지나간 생각을 즉시 기록하도록 한다. 이때의 생각이 때로는 긍정적이지도 부정적이지도 않은 내용, 즉 '시장을 봐야 하는데' 혹은 '오늘 아침에는 지하철이 붐볐지' 와 같은 내용일 수 있다. 치료자로서 가장 관심을 가져야 할 내용은 부정적이고, 평가적이고, 비합리적인 생각이다. 이런 생각은 내담자의 마음속에 너무나 일상적으로 떠오르고 사라져 그것을 깨닫기가 어렵다. 그래서 이런 생각을 반드시 기록하여 치료 회기 중에 논의해야 한다. 이 과제를 하는 과정에서 내담자는 자신의 생각이 얼마나 부정적이었는가에 놀라곤 하는데, 이런 경험이 변화를 시작하게 하고 강화시켜 준다.

요 약

인지적 기법의 세 가지 목적은 비합리적인 생각을 발견하고 도전하고 새로운 생각으로 바꾸는 데 있다. 인지적인 과정은 REBT의 초석이라 할 수 있다. 내담자가 생각하는 방식에 철학적인 변화가 일어날 때 정서와 행동 모두에서 긍정적인 효과가 나타날 수 있다.

제6장

REBT의 정서적/체험적 기법

정서적/체험적 기법은 REBT의 인지적 개입을 보완하고 강화하기 위해서 사용된다. 정서적 기법은 비합리적 신념을 찾아 확인하는 것보다는 인지적 기법을 통해서 얻은 사고의 긍정적인 변화를 좀 더 활성화시키고 증가시키는 데 더 관심을 쏟는다.

1 합리적 정서 심상 형성

합리적 정서 심상 형성(Rational Emotive Imagery)은 REBT 접근에

서 사용되는 핵심적인 정서적/체험적 기법 중 하나다. REI의 첫 번째 목적은 내담자가 문제상황에서 느낄 수 있는 적절하고 합리적인 정서를 찾을 수 있도록 돕는 것이다. 두 번째 목적은 습관처럼 자연스럽게 나오는 자기말과 대처기제를 체험적으로 탐색하도록 돕고, REI를 연습해서 스트레스 상황에서 이를 활용할 수 있도록 하는 것이다.

그 방법을 살펴보면 다음과 같다. 먼저 내담자에게 눈을 감도록 지시하고 강한 역기능적 정서를 경험한 최근의 상황을 회상해 보게 한다. 역기능적 정서의 종류에 대해서는 사전에 치료자와 내담자가 합의해 둔다. 내담자가 당시의 상황과 괴로운 감정을 생생하게 잘 떠올렸다고 치료자에게 신호를 보내면, 치료자는 내담자에게 그 괴로운 감정을 불안, 분노 등으로 명명해 보게 한다. 이어서 내담자로 하여금 심한 정서적 고통을 합리적인 수준의 건강한 부정적인 정서로 바꾸도록 한다. 내담자가 여기까지 마쳤으면, 서서히 현실로 되돌아오게 하고 눈을 뜨게 한다. 먼저 내담자에게 '이 작업을 마칠 때 당신은 어떤 느낌이었습니까?' 라고 질문을 하고 내담자의 대답을 그대로 받아 적는다. 그다음에는 정서적 고통을 변화시키기 위해서 내담자가 어떻게 했는지를 물어본다. 이때 내담자가 하는 말을 구체적인 표현 그대로 적는 것이 중요하다. 이 과정을 통해서 내담자는 건강하지 못한 극단적인 정서적 고통이 건강한 부정적인 감정으로 대체되는데, 이때 자신의 생각이 어떤 작용을 했는지 확인해 볼 수도 있다.

다음은 REI를 적용한 치료 사례다. 리즈라는 여성은 직장 상사에게서 멍청하다는 얘기를 들었을 때 참기 힘든 분노를 느꼈다.

치료자: 눈을 감고 편하게 앉아 보시겠어요. 좋습니다. 최근에 있었던 상황을 이 자리에서 다시 떠올려 보시는 겁니다. 오늘 이 자리에서 얘기했던 상황을 떠올리시면 됩니다. 톰이 당신이 매우 멍청하다고 얘기했다고 하셨죠. 그 당시에 당신이 느꼈던 분노를 저도 알 수 있도록 말이죠. 이 자리에서 한번 느껴 보세요. 자, 느껴 보세요.

(10초 후)

리　즈: 화가 납니다. 화가 많이 납니다.

치료자: 자, 당신이 느끼고 있는 화에 계속 주의를 두시면서, 그 감정을 덜 괴롭고 좀 더 적응적인 감정으로 바꾸어 보시기 바랍니다. 유감스럽고 불쾌하지만 심하게 화는 나지 않도록 말입니다. 실제로 그 상황에 있다고 여기세요.

리　즈: (웃으며) 몹시 긴장되네요.

치료자: 그렇죠. 분노와 그 상황에 주의를 두세요. 그리고 당시에 느꼈던 분노감정을 유감스럽고 불쾌하지만 분노보다 순화된 감정으로 바꾸는 작업을 하시기 바랍니다. 시간을 좀 더 드리죠.

(20초 후)

리　즈: 다 했습니다.

치료자: 이제 작업을 위해 떠올린 여러 생각을 그대로 두고 눈을 떠 보세요. 눈뜨기 전에 어떤 감정이었습니까?

리　즈: 불쾌했습니다. 그리고 조금 실망스럽기도 했고요.

치료자: 좀 더 말씀해 보실 수 있으시겠어요?

리　즈: 편하지 않았어요, 그렇다고 화가 났다고 하기도 어려워요.

치료자: 화가 나기보다는 불쾌했다고 하셨는데, 이렇게 감정이 달라지기 위해서 어떻게 하셨는지 궁금합니다.

리　즈: 이번 일이 날 그렇게까지 고통스럽게 할 만한 것은 아니라고 생각했습니다. 화낸다고 해서 그가 달라질 것도 아니고, 그에 대한 내 감정을 잘 통제하는 것이 중요하다고 제 자신에게 말했습니다. 또 이런 생각도 했습니다. '이번 일이 불쾌한 일이고 내가 그를 싫어하지만, 나는 이번 일을 잘 극복할 수 있다.'

치료자: 아주 훌륭합니다. 그렇게 생각한 것이 당신의 고통을 줄여 주었군요. 그 이유가?

리　즈: 아마 내가 그를 그렇게 심각하게 여기지 않았기 때문이겠죠. 그의 행동을 도저히 참을 수 없고 그대로 두고 볼 수 없다고 생각하지 않았습니다.

REI 동안 건강하지 못한 감정 대신 건강한 감정을 내담자가 떠올릴 수 있게 하는 것이 중요하며, 가능한 한 내담자 스스로 건강한 감정을 생각해 낼 수 있게 하는 것이 좋다. 건강한 부정적인 감정과 건강하지 못한 부정적인 감정을 확실히 구분하고 후자를 전자로 바꿀 수 있도록 내담자를 도와야 한다. 내담자가 REI를 시작하기 전에 적절한 건강한 감정을 언급했다면 더욱 좋다. 만약 내담자가 스스로 건강한 감정을 생각해 내지 못하면 치료자가 적절한 감정을 언급해 주어야 한다. 그러다 보면 내담자는 자신에게 익숙한 건강하지 못한 감정 대신 건강한 감정을 자동적으로 느낄 수 있을 것이다.

치료자는 REI를 적용할 때, 흔히 내담자에게 30일가량은 매일 연습하도록 지시한다. 이는 내담자가 건강하지 못한 감정을 건강한 부정적인 감정으로 익숙하게 바꿀 수 있도록 하기 위해서며, 그렇게 하면 실제 스트레스 상황에 당면했을 때 적응적인 생각을 더욱 쉽게 떠올릴 수 있을 것이다. REI는 강화나 처벌과 함께 과제로 주어지면 매우 효과적이다.

4 대처말 숙달시키기

이 방법은 앞 장에서 언급했던 합리적인 대처말에 감정적인 요소를 더함으로써 합리적인 대처말의 효과를 증가시키기 위한 것이다. 합리적인 대처말을 만들었으면, 내담자가 상담 중이나 다음 상담이 있기까지 이런 대처말을 열의를 갖고 집중해서 연습하도록 도와야 한다(Bernard & Wolfe, 2000; Ellis, 1996; Ellis & Abrahms, 1978; Velten, 1992).

내담자는 건강하지 못한 비합리적인 자기말을 지금까지 의심 없이 열심히 연습해 왔다. 그래서 치료자는 내담자가 합리적이고 건강한 자기말(예를 들면 '내가 그 일에서 실패한다 하더라도 그것이 나를 한 인간으로서 '완전한 실패자' 가 되게 하는 것은 결코 아니다.')을 성실하게 연습해서 숙달하도록 만들어야 한다. 내담자가 합리적인 자기말을 큰 소리로 반복해서 외치게 하라.

5 녹음을 이용한 강력한 논박하기

5장에서 치료 회기를 녹음하는 것의 필요성을 언급한 적이 있고, 앞에서 대처말을 숙달시키기 위해서 강제적으로라도 정서적으로 몰입시키는 것이 필요함을 강조하였다. 녹음을 이용해서 대처말을 숙달시키는 것은 이 두 작업의 효과를 결합해서 활용하는 것으로, 유용한 합리적인 '목소리' 를 훨씬 강하게 키울 수 있다. 내담자가 비합리적인 방식으로 사고하는 데 그동안 얼마나 열정적으로 헌신해 왔는가를 치료자는 내담자에게 강조할 필요가 있다. 압도적으로 지배적인 적응적이지 못한 비합리적인 신념을 차분하게 비정서적으로 논박해서 깨는 데는 한계가 있다.

4 역할극

역할극(Role Playing)의 첫 단계는 치료자와 내담자가 타인과의 상호작용 장면을 하나 정하는 데서 시작된다. 상호작용 장면은 이전에 심리적 고통을 일으켰거나 앞으로 고통이 될 수 있는 것으로, 내담자가 다루고 싶어 하는 장면이어야 한다. 기본적인 역할극에서는 내담자가 자신의 역할을 맡고 치료자는 내담자가 미리 일러 준 다른 사람의 역할을 맡는다. 그러고 나면 역할 사이에 대화가 이루어진다. 대개는 내담자가 작업하고 싶은 구체적인 시나리오를 제공하며, 이 시나리오는 내담자의 많은 문제와 관련된다. 역할극은 상황에 따라 다르지만 대개 1~5분 사이로 진행된다. 끝나면 치료자는 내담자에게 역할극이 어땠는지, 역할극 동안 어떤 생각이 들었고 어떤 감정이 생겨났는지, 그리고 역할극 중에 달리 하고 싶었던 것이 있었는지 등의 몇 가지 질문을 한다. 치료자는 이 과정에서 논박하고 변화시켜야 하는 내담자의 비합리적 신념을 확인할 수 있다(5장의 논박 부분 참고). 또한 역할극은 내담자의 상호작용 과정에 대해 피드백을 줄 수 있는 기회를 제공하기도 한다. 동일한 상황을 가지고 다양한 상황으로 각색해서 여러 번 역할극을 할 수도 있다.

본질적으로, 치료자는 내담자를 유사한 상황에 놓이게 하고 그 상황을 좀 더 적응적으로 경험하고 다루어 가도록 돕고 있는 것이다. 이 과정은 내담자에게 위협적이지 않은 분위기 속에서 인지적, 정서적, 행동적 문제를 탐색할 수 있게 해 주고, 앞으로 닥칠 상호작용을 준비해서 다양한 해결책을 실험해 볼 수 있게 해 준다. 치료 장면은 내담자가 치료실 밖에서 겪을 대인관계의 시험 장소로 볼 수 있다. 과거에 경험했던 상황이 앞으로 닥칠 유사한 상황을 대비한 역할극의 소재로 활용될 수 있다. 이 기법의 장점은 내담자가 원하는 만큼 많은 연습을 할 수 있고, 그때마다 치료자가 피드백을 줄 수 있다는 것이다. 때때로 사회기술 훈련이 필요할 수도 있다. 예를 들어 자기말 사용과 같은 단순한 훈련이 내담자가 자신을 표현하는 방식에 큰 차이를 가져오기도 한다. 역할극은 자기주장 훈련과 분노 다스리기 훈련에도 아주 유용하게 사용된다. 또한 커플 상담에도 활용될 수 있는데, 그럴 때는 각 파트너가 자신의 역할을 맡기 때문에 치료자는 다른 경우에 비해 그렇게 적극적일 필요는 없으며 사후 피드백 과정은 다른 경우와 동일하다.

4 역 역할극

역 역할극(Reverse Role Playing)은 몇 가지 점에서 역할극과 구별된다. 첫 번째, 치료자가 내담자 역을 맡는다. 두 번째, 내담자가 효율적으로 의사소통하는 치료자나 다른 타인의 역할을 한다. 세 번째, 치료자가 시나리오에 나오는 내담자 역할을 잘 소화하기 위해서 때로는 연습이 필요하다. 역 역할극은 흔히 내담자가 자신의 비합리적 신념을 구체적으로 논박하도록 돕는 데 효과적이다. 치료자와 내담자가 역할을 바꿈으로써 내담자는 이제 자신의 비합리적 신념을 적극적으로 논박해야 하는 위치에 서게 된다. 이때 치료자는 내담자가 이전 상담회기에서 보여 준 것처럼 비합리적 신념을 강하게 고집해야 한다. 이런 과정은 비합리적 신념을 논박하는 과정에서 갈등하거나 확신이 없는 모습을 보이는 내담자에게 매우 유용하게 활용될 수 있다.

4 유 머

사람들은 때로 자신에 대해, 자신이 잘못할 수 있다는 것에 대해 지나치게 심각하게 고민하는 경향이 있다. 물론 진지한 것이 도움이 될 때도 있다. 하지만 치료자는 때로 내담자가 자신을 가벼운 마음으로 바라볼 수 있게 격려할 수 있어야 한다. 또 내담자의 신념 중 어떤 것은 극단적으로 적용할 경우 우스꽝스러운 결론에 이를 수도 있음을 내담자에게 인식시켜 줄 수 있어야 한다. 물론 이때 내담자를 인격적으로 싸잡아 얘기하지 말고, 그의 신념과 행동 같은 일부 측면에 초점을 두는 것이 중요하다. 심각한 문제를 다룰 때, 치료자는 과장과 비교를 잘 활용하고 회기 중에 익살스러운 어리석음을 적절하게 잘 활용할 수 있어야 한다.

성공한 변호사인 제시는 집단의 한 구성원이었는데, 그녀는 음식을 먹고 난 뒤에 후회를 하고 심한 죄책감에 시달렸다. 그녀는 자신이 두고 볼 수 없을 정도로 끔찍하게 뚱뚱하다고 생각했다. 탐색을 좀 더 했을 때, 그녀는 훨씬 극단적인 신념을 갖고 있었다. '오직 마른 사람만이 음식을 먹을 자격이 있다.' 그녀와 집단의 다른 구성원은 이 신념의 자기파괴성과 비합리성에 웃지 않을 수 없었다. 집단원 중 한 사람이 말했다. "잡지에도 마르지 않은 사람이 많이 나오는데 그들도 이 점을 유념해야겠네요." 그녀는 음식을 섭취하는 것이 자신에게 해롭다고 너무도 당연히 여겨 왔다. 그녀의 어리석은 생각은 자신을 이러지도 저러지도 못하는 궁지로 몰아넣고 말았다. 물론 유머가 항상 적절한 것은 아니다. 상담자는 유머를 치료적인 개입으로 언제 어떻게 활용할지 판단해야 한다. 유머가 회기 중에 자연스럽게 이해되고 어색하지 않았다면, 대개는 적절하게 활용된 것으로 볼 수 있다.

뉴욕의 우리 연구소에서는 합리적이면서 유머스러운 노래를 만들어 내담자에게 권하기도 한다. 이런 노래는 유머의 또 다른 형태로 내담자가 자신의 삶을 덜 심각하게 보도록 돕는다.

자기를 망치는 좋은 생각

❶ 불쾌한 상황과 문제는 계속 피하다 보면 언젠가는 없어진다. 그렇게 믿어라.

❷ 내가 변화시킬 수 있는 것은 없다. 내 삶은 외부상황과 타인에 의해 통제되고 있다.

❸ 모험하지 마라. 인생에는 운이란 없다.

❹ 모든 사람이 날 인정해 주어야 한다. 그렇게 되도록 만들어야 한다.

❺ 실패나 거절은 일어날 수 있는 최악의 일이다. 나는 이런 끔찍한 일을 도저히 견뎌 낼 수 없다.

❻ 나는 모든 일을 100% 완벽하게 해야 한다. 완벽하지 못하면 비난을 받아 마땅하다.

❼ 삶은 반드시 별 탈 없이 공정하게 돌아가야 한다. 만약 그렇게 되지 않으면 이로 인한 고통을 나는 참아내기 힘들 것이다.

❽ 모든 일은 그냥 둬도 잘될 거다.

❾ 굳이 애써 노력할 거 없다.

❿ 지금의 내 행동을 정당화시켜 줄 이유는 얼마든지 있다. 찾기만 하면 된다.

⓫ '단지 ~만 하면(if only)' 이라고 반복해서 말하라. 그리고 아무것도 하지 마라.

⓬ 과거에도 꾸물거렸고 실패했고 일을 망쳤기 때문에 앞으로도 달라질 건 없을 거다.

⓭ 다음과 같이 믿어라.

- 나는 너무 늙었다.
- 너무 어려운 일이다.
- 나는 그렇게 살아가도록 되어 있다.
- 세상일은 그냥 둬도 굴러갈 것이다.
- 나는 너무 약해서(어리석어서, 무기력해서…) 나 혼자 힘으로는 달라지기 어렵다.

⓮ 그럴 듯한 이유를 붙여라.

- 나는 내일 시작할 거다.
- 지원군이 제때에 나타나 줄 거다.
- 놓쳐 버린 즐거움은 결코 다시 찾을 수 없다.

⓯ 문제에 대해 생각만 하다 보면 영감이 떠오를 때가 있을 거다. 그때를 기다려라. 그 전에는 어떤 행동도 해서는 안 된다.

치료자의 무조건적인 수용

치료자로서의 역할 중 하나는 가능할 때마다 내담자에게 긍정적이고 도움이 되는 태도와 신념을 보여 주는 것이다. 이를 위한 한 가지 방법이 바로 내담자가 아무리 나쁘고 자기패배적으로 행동하더라도 내담자를 무조건적으로 수용하는 것이다. 이를 로저스(Rogers, 1961)는 무조건적인 긍정적 존중(unconditional positive regard)이라 일컬었다. 이것이 내담자에 따라서는 매우 어려운 일이기도 하지만, 내담자의 무조건적인 자기수용을 증가시켜 주고 싶다면 내담자가 무조건적인 수용을 직접 경험할 수 있도록 치료자가 보여 주는 것이 매우 좋다. 물론 그렇다고 해서 내담자가 함부로 말하고 잘못된 행동을 일삼아도 받아 주고 격려하라는 것은 아니다. 내담자가 치료자를 펀치백으로 사용하게 내버려 두라는 것도 아니다. 치료자는 내담자에게 적극적으로 틀을 만들어 주고, 때로는 내담자의 행동을 거절할 수도 있다. 하지만 내담자를 한 인간으로서 경멸해서는 안 된다.

무조건적인 자기수용과 무조건적인 타인수용 가르치기

치료자는 내담자에게 무조건적인 수용(Unconditional Self-

Acceptance)을 직접 경험하게 해 주는 것에 더해서, 무조건적인 자기수용과 무조건적인 타인수용(Unconditional Other-Acceptance)에 관한 이론을 적극적으로 가르치고 연습시키는 것이 필요하다. 이때 인간이 몇 가지 행동이나 성격적 특징만으로 단정적으로 평가될 수 있는 존재가 아니라는 철학적인 인식을 심어 주는 것이 중요하다. 물론 성격적 특징과 행동이 평가받을 수 있다. 하지만 잘못 행동했다하더라도 누가 감히 개인을 전인격적으로 나쁘거나 무가치한 존재라고 말할 수 있겠는가? 전적으로 나쁘다는 것은 그가 태어나서부터 현재와 과거의 모든 그의 모습이 100% 나쁘다는 것을 의미한다.

불행하게도 대부분의 사람은 후회하는 일을 했을 때나 자기가 싫어하는 타인의 모습을 봤을 때, 자신이나 타인을 싸잡아서 부정적으로 낙인을 찍는 데 익숙하다. 흥미롭게도 사람들은 자신의 긍정적인 모습을 발견했을 때는 자신을 총체적으로 가치 있는 존재라고 평가하는 일이 드물다. 어느 쪽이든 문제가 있다. 치료자는 내담자 스스로가 자신의 좋아하지 않는 행동을 찾아 변화시킬 수 있도록 도와야 하며, 그 과정에서 내담자는 자신도 잘못할 수 있는 한 인간임을 겸손하게 수용할 수 있어야 한다. 특정 행동이나 일부 성격적 특징의 단점을 싸잡아서 자신을 인격적으로 경멸하면, 잘못된 행동이나 부정적인 성격 특징을 긍정적으로 변화시키는 자신의 능력도 크게 위축될 수 있다. 타인에 대한 지각도 마찬가지다. 타인에 대해서는 자신에게 한 것처럼 그렇게 지각하지 않겠다고 이성적으로는 얼마든지 결심할 수 있다. 하지만 특정한 성격적 특징을 근거로 자신에 대해 총체적으로 평가하는 사람이라면, 다른 사람을 평가할 때도 자신에게 했던 것과 동일한 비합리성을 보이기 쉽다.

내담자와 '죄의식에 대한 신화(myth of guilty)' 에 대해 얘기를 나눌 때가 있다. 많은 사람이 죄의식이나 잘못했다는 느낌을 갖는 것을 좋게 보는데, 이는 이런 감정이 긍정적인 변화를 가져오는 것처럼 보이기 때문이다. 문제는 후회는 도움이 되지만, 죄의식은 흔히 자기패배적이고 자기파괴적인 행동을 초래한다는 점이다. 후회는 상황을 되돌아보고 다르게 행동했더라면 더 좋았을 거라고 평가하는 것이다. 후회는 전에 했던 그 행동을 나쁘게 보는 것이다. 죄의식은 후회에 여러 가지 자기비하적인 생각을 결부시킨다. 다르게 표현하면, 어떤 것을 후회할 뿐만 아니라 자신이 했던 행동 때문에 자기를 총체적으로 무가치하고 나쁘게 평가해 버린다. 자신을 총체적으로 나쁘거나 무가치하게 보게 되면, 나쁘고 무가치하다는 자신의 생각과 일치하게 계속 행동할 가능성이 높아져 부정적인 행동 양상이 지속되고 이를 뒷받침할 증거를 스스로 편협되게 수집하게 된다. 자신이 했던 특정 행동을 비난해야지 개인 전체를 비난해서는 안 된다.

내담자가 무조건적인 수용을 할 수 있게 돕는 것은 매우 어려운 일인데, 특히 이 세상 모든 사람이 자신, 타인, 세상을 조건적으로 평가하도록 생물학적이고 사회적으로 조건화된 성향을 가지고 있기 때문에 더욱 그렇다. 인간이 살아남아 번창하기 위해서는 먼저 자신의 행동을 평가해야 한다. 직장이나 학교에서, 동료와의 관계에서 성공한 혹은 실패한 자신의 행동에 대해서 알아야 한다. 그렇지 않으면 잘못된 행동을 하더라도 이를 교정할 수 없을 것이다. 그래서 사람들은 이성적이고 논리적으로 자신의 행동을 '잘한 것' 혹은 '잘못한 것' 으로 평가한다. 그러나 코르지브스키(Korzybski, 1933)의 주장처럼, 사람들은 자신을 '성공한 사람' 혹은 '실패한 사람' 으로 과잉일반화해서 평가하는 경향이 있다. 사람들은 수행을 잘했을 때는 자부심을 가지고 자신을 칭찬하지만, 수행을 잘못했을 때는 자신을 형편없는 사람으로 취급해 버린다. 엘리스가 자신의 최근 여러 책(Ellis, 1999, 2001a, 2001b, 2002, 2003a, 2003b, 2004a, 2004b)에서 언급했듯이, 자부심(self-esteem)은 일종의 정서적 장애다. 반면에 무조건적인 자기수용은 건강한 철학으로 수행을 잘못해도 자신을 충분히 수용할 수 있는 것을 의미한다.

REBT는 내담자에게 조건적인 자부심보다는 무조건적인 자기수용을 그들이 항상 선택할 수 있다고 강하고 일관되게(정서적으로, 행동적으로) 가르치고 있다. 또한 무조건적으로 타인과 삶을 수용하는 철학을 내담자가 갖도록 돕는 데 노력한다. 무조건적인 타인수용은 다른 사람이 한 행동이 아닌 다른 사람을 존재 자체로 항상 수용하는 것이다. 무조건적으로 삶을 수용하는 입장은 현재의 불행한 상황을 변화시킬 수 없음에도 불구하고 삶과 현실을 그대로 수용하는 것이다(Reinhold, Neibuhr, in Pietsch, 1993). 이런 점은 REBT가 다른 인지행동치료보다 철학적인 면이 강함을 시사해 준다(Ellis, 2003c; Padesky & Beck, 2003).

4 격 려

상호작용적인 치료자로서, 우리는 내담자를 격려하는 것을 치료 관계의 자연스러운 한 부분으로 이해하고 있다. 즉, 격려는 '도움을 주는' 전문직을 선택한 우리 같은 사람에게는 자연스럽고 일반적인 행동이다. 치료자는 흔히 내담자가 변화를 시도하는 것에 대해 격려하는데, 그에 못지않게 내담자가 이미 이룩한 것을 인정해 주는 격려도 중요하다. 맥라렌의 상담 사례는 이에 대한 좋은 예가 된다. 내담자는 상담실을 찾기 전에 혼자서 그의 목표를 깨닫고자 여러 달 동안 노력해 왔다. 상담을 시작한 후에 상담자 멕라렌은 새로운 사고법을 그에게 숙달시켜 주고 변화를 위한 그의 잠재능력을 강화시켜 주었다. 또한 내담자의 문제 영역에 대한 탐색을 통해 문제에 대한 자기 인식을 넓혀 주려고 노력했다. 상담이 끝날 즈음에 내담자는 다음과 같은 불만을 털어놓았다. "우리가 한 작업이 중요하다는 것을 제가 모르는 것은 아닙니다. 하지만 이전에 제가 혼자서 열심히 노력해 왔던 부분에 대해 선생님의 생각을 듣고 싶습니다." 그러고는 그가 지금까지 이룩해 온 그 나름의 성과를 열거하기 시작했다.

그 내담자의 말이 옳았다. 상담자 맥라렌도 내담자의 생각에 전적으로 동의했다. 내담자를 앞으로 나아가도록 밀어붙이는 데 지나치게 주의를 기울인 탓에 정작 내담자가 지금까지 해 온 성과를 주목해 주고 강화시켜 주는 것을 상담자는 소홀히 하고 있었다. 내담자가 혼자 기울였던 노력의 성과를 인정해 주는 것은 그의 발전과 동기부여에 긍정적인 기여를 할 것이다.

참만남 작업

참만남 작업(Encounter Exercises)은 인지적, 정서적, 행동적 문제를 상담장면에서 그대로 활성화시켜 준다는 점에서 체험적 과정이라 할 수 있다. 이 같은 유형의 작업은 여러 사람이 필요하기 때문에 집단상담이나 워크숍 형태로 흔히 실시된다.

예를 들면 기관에서 하는 대인관계 기술 향상 워크숍에서, 집단원에게 방을 돌면서 다른 사람과 상호작용 하도록 지시한다. 이때 집단원은 다른 사람의 등에 붙어 있는 쪽지에 적혀 있는 감정이나 성격 특질에 맞추어서 행동해야 한다. 본인은 자기 등에 붙어 있는 쪽지의 내용을 모른다. 어떤 쪽지는 '화가 난' 이라 적혀 있고 다른 것은 '수줍어하는' '즐거운' '우울한' 등이 적혀 있다. 몇 분간의 상호작용이 있은 후에, 집단원은 각자의 자리로 돌아가서 자신의 등에 붙은 카드의 내용을 맞추어야 한다. 각자의 등에 붙어 있던 쪽지의 감정이나 성격 특질을 확인했으면, 작업하는 동안 서로가 경험한 것을 얘기해 보는 시간을 갖는다. 이 작업의 목적은 사회적 단서와 대인간 의사소통을 탐색해 보는 것이다.

다양한 체험적 작업이 우리가 진행하는 집단, 특히 종일 진행되는 마라톤 집단과 9시간 집중 코스에서 사용되고 있다. 거기에는 온정 나누기, 두려움 극복하기, 도움 주기, 비밀 함께 나누기, 자기주장 훈련, 친밀감과 공감 능력 개발하기 등의 작업이 포함되어 있다. 이런 작업은 참여자에게 자신의 문제 영역을 탐색하고 살아가는 데 도움이 되는 새로운 기술을 익힐 수 있게 해 준다.

집단 장면에서 추천할 만한 작업

❶ 실수에서 배우기(learning from mistakes): 적절하게 대처하지 못했던 과거의 경험을 하나 생각한다. 눈을 감고 그 당시의 감정과 생각을 떠올려 본다. 눈을 뜨고 그 내용을 메모한다. 메모한 것을 집단원과 함께 나누면서 왜곡된 사고가 없는지 다른 사람이 찾아보게 한다. 도움이 되었을 법한 합리적 신념과 대처말의 목록을 만들어 본다.

❷ 존경하는 합리성 씨(dear dr. rational): 자신의 문제 중 하나에 관한 짧은 편지를 써서 서로 돌려 본다. 다른 사람의 편지에 대해 각자가 답장을 쓰는데, 당사자가 취했으면 하고 생각되는 합리적인 사고를 적어 준다.

❸ 종합적인 자기점검(comprehensive self-inventory): 각자가 자신의 장점과 약점을 정리해서 평가해 본다. 교정할 수 있다고 생각되는 약점에 별표를 해 둔다.

❹ 비합리적 신념에 반하는 증거수집(evidence against ibs): 카드의 한 쪽에는 비합리적 신념을 적고, 다른 쪽에는 그 신념대로 생각하면 일어날 법한 다섯 가지 부정적인 사건을 적는다. 한 주에도 여러 번 그 카드를 꺼내 읽고 그 신념이 타당하지 않음을 확인해 본다.

❺ 단체로 논박하기(anonymous disputing): 종이에 자신의 비합리적 신념을 적어서 집단 리더에게 제출한다. 리더가 그것을 소리 내어 읽으면 집단은 전체적으로 거기에 대해 논박한다. 단 여러분이 비합리적 신념에 동의한다면 가만히 침묵하고 있어야 한다.

❻ 문장 완성하기(introduction exercise): 개인은 제시된 문장을 완성시켜 본다. '이 모임을 통해서 내가 성격적으로 달라지고 싶은 점은 ~ 이다.' '이 모임을 통해서 내가 전문적으로 도움을 받고 싶은 점은 ~ 이다.'

❼ 박수갈채 보내기(round of applause): 참가자들은 고마운 일이나 사람에게 박수갈채를 보낸다. 리더는 서서 환영하고 갈채를 보내고 휘파람을 부는 등의 작업을 계속하도록 격려한다.

❽ 핫시트(hotseat): 한 번에 한 사람씩 미리 정해진 '자리'로 올라가 다른 집단 참여자에게서 피드백을 듣는다. 당사자는 침묵을 지킨다(응용: 참여자들은 정해진 자리에 앉은 사람에게 긍정적인 피드백과 건설적인 비판을 보낸다.).

❾ 긍정적인 말하기(positive talk): 구성원 각자는 자신에게 2분간 긍정적인 말을 충분히 쏟아 낸다(말한 것을 번복하거나 수정할 경우에는 벌칙으로 30초간 더 말하게 한다.).

제7장

REBT의 행동적 기법

정서적 기법과 유사하게, 행동적 개입은 비합리적 신념을 논박하고 대체시킴으로써 얻어진 인지적 성과물을 더욱 강화시키기 위해서 흔히 사용된다.

많은 행동 기법이 직접 실천해 보고 현실을 검증해 보는 작업으로서, 이는 내담자가 이제 막 경험하기 시작한 자신의 사고 양상에 대한 통찰을 강화시키고 경험적으로 지지하기 위해서 필요한 과정이다.

4 강 화

행동적 강화물은 치료회기 밖에서 내담자가 수행한 '작업' 과제와 관련해서 치료자가 내담자와 함께 실시하는 즐거운 과제나 행동이다. 이는 치료회기 후에 부여하는 숙제를 내담자가 잘해 오도록 돕는 기능을 한다. 강화물로는 내담자가 좋아할 만한 일이라면 어떤 것이든 가능하지만, 자신이나 타인에게 해가 되는 것은 해당되지 않는다. 강화는 숙제를 긍정적으로 인식하게 만들어 숙제를 하면서 가질 수 있는 내담자의 잠재적인 부정적 생각을 줄여 주는 데 도움이 된다.

메리는 24세의 교사로 학생이 버릇없이 굴 때 지나치게 화를 내는 일로 치료를 받고 있다. 치료자는 메리에게 하루에 한 번씩 합리적 정서 심상형성(REI)을 연습하고, 너무 화가 날 때면 REBT 자조양식을 작성하는 숙제를 내주었다. (어떤 숙제든지 내담자에게 과제를 얼마나 자주 해야 하는지를 명시해 주는 것이 매우 중요하다. 과제의 빈도에 대한 합의가 이루어지면 강화를 주기가 훨씬 용이해진다.)

일단 집에 돌아가서 할 '작업'에 대한 합의가 이루어졌으면, 치료자는 내담자가 규칙적으로 즐겁게 하는 활동을 살펴본다. 메리는 독서, 컴퓨터 게임, 긴 시간 호화롭게 목욕하는 것을 좋아했다. 치료자는 메리에게 이 중에서 한 가지 활동을 고르게 한 뒤, 합의한 '작업' 과제를 마쳐야 그 활동을 하기 위한 권리를 갖게 된다고 설명해 준다. 예를 들어 REI를 매일 하기로 했다면, 치료자는 '메리, 그날의 REI를 하고 난 후에만 긴 시간 목욕할 수 있는 겁니다.' 화날 때마다 REBT 자조양식을 작성하는 과제의 경우에는 좀 더 신경을 써야 한다. 치료자는 다음과 같이 말 할 수 있다. '메리, 몹시 화가 나는 일이 있었던 날에는, 그 사건에 대한 자조양식을 작성한 후에만 컴퓨터 게임을 30분간 즐길 수 있는 겁니다.'

내담자가 '작업' 과제를 마치도록 돕기 위해서 처벌이 강화와 함께 주어질 수도 있다.

일반적으로 강화물은 내담자가 하기로 한 '작업'을 마치는 데 소요되는 시간이나 들인 노력에 상응하는 것이어야 한다. 내담자가 매일 20분씩 논박하는 연습을 하기로 했다면, 이에 대한 강화물로 단 5쪽의 독서는 제대로 된 강화가 되기에 부족하다. 같은 이유에서 20분간 논박연습을 한 것에 대해서 3시간의 긴 목욕도 들인 시간이나 노력에 견주어 볼 때 합리적이지 않을 수 있다. 적절한 수준의 강화를 해 주는 것이 중요하다. 내담자가 20분간 논박 연습을 했다면, 책의 한 장 전체를 읽도록 하거나 20분간 친구와 전화 통화를 할 수 있도록 하는 강화가 더욱 적절하고 합리적일 것이다.

4 벌 칙

행동적인 벌칙(Penalties) 역시 강화와 동일한 방식으로 주어진다.

강화와 다른 점은 벌칙은 숙제를 하지 않았을 때 주어진다는 것이다. 벌칙은 내담자가 싫어하는 일을 하도록 하는 것이다. 예를 들어 화장실 청소, 재활용 쓰레기의 분리수거가 이에 해당될 수 있다. 숙제를 하지 않았을 때마다 내담자는 불쾌한 벌칙 과제를 해야 한다. 테드는 금연을 시도하는 중인데, 숙제를 하지 않았을 경우 담배 회사에 20달러씩 송금했다. 바버라는 치료자와 합의한 숙제를 하지 않을 때마다 싫어하는 친구에게 전화를 걸어 20분간 통화를 했다.

벌칙은 강화와 함께 사용할 때 더욱 효과적이다. 내담자는 벌칙을 받게 되면, 강화는 받을 수 없다.

벌칙과 강화는 대개 변화에 대한 동기가 상당히 높은 내담자에게만 사용하도록 해야 한다. 만일 내담자가 치료에 오는 것도 힘들어 한다면, 숙제만 하도록 하고 벌칙이나 강화는 부여하지 않는 것이 바람직하다. 내담자에게 실패감만 가중시켜 줄 수 있기 때문이다.

4 수치심 깨뜨리기 작업

수치심 깨뜨리기 작업(Shame Attacking Exercises)은 REBT의 트레이드 마크 중 하나로서 엘리스가 그의 책 『Better, Deeper, and More Enduring Brief Therapy』(Ellis, 1996, pp. 91-94)에서 다음과 같이 소개하고 있다.

1955년부터 REBT를 시행하면서, 내가 깨달은 것 중 하나는 수치심이 정서 장애에서 핵심적 역할을 한다는 점이다. 우리가 '수치스럽다' 고 여기는 일을 할 때, 보통 우리는 자신이 한 행동을 비난하고, '이건 나쁜 거야. 다시는 하지 말아야지.' 라고 스스로에게 말한다. 이와 함께 이런 일을 한 것이 속상하고 불편해서, 다시 그런 일을 하지 않으려 할 것이다. 자신의 행동을 '수치스럽게' 여기는 것이 때로 유익할 수 있다. 행동에 대한 수치심을 경험하는 과정에서 우리 인간은 사회화될 수 있다. 즉, '잘못되거나 반사회적인' 일을 하지 않게 됨으로써 사회가 유지되고 인류가 생존할 수 있는 것이다. 우리가 우리의 행동에 대해 수치심, 당혹감, 굴욕감과 같은 정서를 느낄 수 없다면, 유용한 규칙을 준수할 수 없게 되고 여러 가지 문제가 끊임없이 발생할 것이다.

그러나 문제는 과잉 일반화시키는 인간의 성향이다. 내담자뿐만 아니라 치료자, 궁극적으로 우리 모두는 우리의 행동과 수행을 평가하는 데(이것은 좋은 일이다) 그치지 않고, 우리 자신, 우리 존재, 우리의 인간성을 평가한다(이것은 잘못된 일이며 비효율적인 일이다). 다시 말해서 어리석고 반사회적인 일을 '잘못된' 것이라고 여기는 데에 그치지 않는다. 우리가 정말로 수치심을 느낄 때는 자기 자신 전체를 '잘못되고 창피한' 존재로 평가한다. 나는 1968년부터 수치심 깨뜨리기 연습을 만들어 실시하고 있다. 내담자를 포함해서 상당히 많은 사람이 이 연습을 자신에게 적용해 보았다. 이 연습을 통해 사람들은 자신이 한 행동과 그에 수반하는 사회적 비난에 대해서는 수치스럽게 여길지라도 자기 전체를 평가절하하거나 자신의 인간성에 대해 굴욕적으로 여기지 않는 방법을 배우고 있다.

나는 카나에게 수치심 깨뜨리기 연습을 다음과 같이 설명해 주었다.

"사람들은 실제로 자신이 뭔가를 잘못한 것도 아니고 타인이 무시하지도 않는데 자기를 너무나 열등하다고 여기는 경우가 많습니다. REBT는 그런 생각을 수정하도록 돕습니다. 당신은 시험에 대해 심한 불안을 경험하고 있는데, 이런 불안을 경험하는 이유는 부모님, 선생님, 친구와 같은 타인이 당신이 얼마나 시험을 못 쳤는지 알까 봐, 또 시험 때문에 당신이 불안해하는 것을 알고 당신을 무능하고 보잘것없는 사람으로 여길 것이라고 생각하기 때문입니다. 당신은 당신 자신뿐만 아니라 남까지 당신의 무능함을 알까 봐 두렵고 창피해하고 있습니다. 당신이 시험을 잘 치르고 주변의 인정을 받고 있을 때는 별 문제가 없겠지만, 당신이 시험을 망치고 남도 그 사실을 알게 되는 날이면 당신은 심한 열등감에 휩싸일 것입니다."

"그렇습니다. 저는 실수를 하든 안 하든 항상 저 자신이 잘했는지 못했는지 평가하고 있습니다. 그런데 남도 나를 보잘것없는 사람으로 여기는 것 같을 때는 정말 수치심을 많이 느껴요."라고 카나는 말했다.

"그렇습니다. 제가 당신에게 권하는 수치심 깨뜨리기 연습은 당신이 자기 전체에 대한 평가(self-rating)가 아닌, 당신의 수행(performance)만을 평가하도록 도울 것입니다. 일반적인 사회적 기준에서 보면 당신의 수행이 '부족하거나 부적절'할 수 있습니다. 하지만 당신 자체가 '부족하거나 부적절한 사람'인 것은 결코 아닙니다."

"만일 제가 아주 나쁜 행동, 예를 들어서 다른 사람을 잔인하게 살해했다면요?"

"마찬가지입니다. 그와 같은 일을 저질렀다면 당신의 행동은 악한 것이며 수치심을 느껴 마땅합니다. 하지만 그 경우에도 당신은 나쁜 행동을 한 인간이지, 진정 나쁜 인간은 아닌 것입니다."

"그렇지만 제가 항상 악한 행동을 일삼으면요? 그럼 정말 나쁜 사람 아닙니까?"

"네. 당신은 스스로를, 당신 전체를 나쁜 사람으로 규정하고 그렇게 부를 수도 있지요. 엄격하게 말해서, '나쁜 사람'은 항상 나쁜 행동만 할 것이고, 자신의 삶에서 어떤 만족도 누릴 수 없으며, 주변 사람에게 해만 되는 사람입니다. 자신을 이렇게 볼 수 있다 해도 이런 생각 자체는 과잉 일반화된 것이며, 입증할 수도 반증할 수도 없는 생각입니다. 이런 생각을 해서 무슨 소용이 있겠습니까?"

"하지만 어떻게 해야 저를 전적으로 나쁜 사람으로 보는 것을 그만할 수 있지요?"

"REBT의 기법을 몇 가지 활용해 봅시다. 지금은 우선 수치심 깨뜨리기 작업부터 시작해 봅시다."

"좋아요."

"정말로 수치스럽게 느껴지는 일을 하나 떠올려 보세요. 정상적인 상황이라면 사람들 앞에서는 절대 하지 않을 일이지요. 행여라도 하게 된다면 상당한 수치심을 느꼈을 법한 일입니다. 그러나 당신에게 해가 될 만한 일은 안 됩니다. 뭐, 옷을 벗고 거리를 활보하는 일이나 체포될 만한 일은 곤란합니다. 교수님께 욕을 하는 행동도 안 되겠죠. 즉, 다른 사람에게 해를 입히는 행동 역시 배제하는 겁니다. 다른 사람의 얼굴을 때리거나, 거짓말을 하는 행위가 그 예가 되겠죠. 이런 것은 어떨까요? 지금 방금 정신병원에서 퇴원했다고 말하는 행동 같은 것이요. 아니면 보도에서 춤을 추는 행동도 수치스러운 행동이겠죠. 전혀 모르는 사람에게 100달러를 빌리는 일도 창피할 겁니다. 당신을 포함해서 누가 생각해도 창피하다고 볼 만한 일이지만 어느 누구에게도 문제가 발생하지 않는 그런 일을 생각하는 겁니다."

"아, 지금 선생님은 그 유명한 REBT의 수치심 깨뜨리기 작업을 하시려는 것인가 봐요? 저도 들은 적이 있습니다. 지하철이나 버스에서 멈추라고 소리를 지르고도 떠나지 않고 계속 타고 있는 행동을 한다면서요?"

"그것도 많이 쓰는 방법 중 하나이지요. 많은 내담자가 그 방법을 시도하고 도움을 얻었습니다. 그걸 한번 해 보시겠어요?"

"아니요. 그건 싫습니다. 그보다는 낯선 사람에게 1달러를 빌리는 것은 어떨까요? 그것만 해도 상당히 창피할 것 같습니다."

"좋아요. 그걸 해 봅시다. 거리로 나갑시다. 원하신다면 연구소 앞에서 해도 좋습니다. 낯선 사람에게 1달러를 빌려 보는 겁니다. 이것은 가장 쉬운 단계가 되겠군요."

"그럼, 다음에 더 힘든 단계가 있다는 말씀이군요."

"돈을 빌릴 때, 가능하면 수치심을 느끼지 않으려 노력해 보세요. 창피함과 굴욕감도 느끼지 않으려 노력해 보세요. 당신이 그런 감정을 경험할 수도 있지만, 그렇다고 반드시 그런 감정을 경험해야 하는 것도 아닙니다. 수치감, 창피함을 느끼지 않도록 해 보는 겁니다.

"그러나 불편감을 느끼는 것은 어떤가요? 괜찮은가요?"

"그럼요. 그래도 괜찮습니다. 불편감, 미안함, 후회, 약간 바보 같다는 느낌, 심지어 수치심을 느껴도 괜찮습니다. 그러나 죄책감이나 자기 비하로 흐르지는 마세요. 중요한 것은 자신을 수치스러운 존재로 느끼지 않는 것입니다."

"정말 할 수 있을까요?"

"그럼요. 한번 시도해 봅시다."

카나는 처음에는 상당히 망설였으며, 일주일 뒤 상담에 오기 바로 직전에서야 겨우 시도할 수 있었다. 상담시간에 결과를 체크하지 않으면 그녀는 아마 하지 않았을지도 모른다. 그러나 마침내 용기를 모아 그녀는 해냈다.

"연습을 하는 동안 어땠습니까?" 카나에게 물었다.

"어휴, 처음에는 정말 불편하더라고요. 입이 안 떨어지더라고요. 첫 번째 시도에서는 입이 하도 말라서 상대방이 제가 한 말을 잘 알아듣지도 못했어요. 그 사람은 매우 잘 차려 입은 남자였어요. 그 남자가 말을 이해하지 못하니, 하는 수 없이 힘들게 말을 반복해야 했지요.

"그다음은요?"

"선생님이 하라고 하신 대로 했지요. 스스로에게 말했어요, '아마 내가 완전히 이상한 사람이라고 생각하겠지? 아니면 더러운 노숙자라고 생각할지도 몰라. 그래도 뭐, 다시 만날 사람도 아니고, 저 사람의 빌어먹을 인정 따위가 무슨 필요가 있어? 그냥 마음대로 생각하라지!' 그렇게 생각하니까 마음이 한결 가벼워졌어요. 세 번째 시도에서는 정말 수치심이 사라지더군요. 다섯 번째에는 이 모든 것이 무슨 장난처럼 느껴졌고, 유쾌하게 즐길 수 있었답니다."

이상의 내용은 REBT의 수치심 깨뜨리기 작업을 연습한 후에 사람들이 흔히 보이는 반응이다. 그들의 불편감은 곧 줄어들고, 때로는 이 작업을 즐기기도 한다. 카나의 경우 나중에는 이 연습을 모르는 사람뿐만 아니라 아는 사람에게도 하게 되었다.

나의 권유로 그녀는 친구들에게 자신의 어려움을 털어놓기 시작했다. 자신이 시험 때마다 상당한 불안을 경험한다는 것, 공부할 때는 계속 꾸물거린다는 것, 중요한 과목을 수강하지 않으려 회피하는데 그 까닭이 시험이 여러 번 있기 때문이라는 것 등을 친구들에게 이야기했다. 자신의 나약함을 더 많이 공개하면 할수록 사람들은 그녀를 더욱 많이 이해해 주었다. 그녀는 이제 스스로를 수용하기 시작했다. 카나는 여전히 자신의 심한 불안 증상과 회피행동을 좋아하지 않는다. 그러나 그로 인해 자신을 비하하는 모습은 많이 사라졌다.

불안에 대한 불안도 줄어들었다. 시험 치기에 대한 원래의 공포도 줄어들었다.

수치심 깨뜨리기 연습을 통해 일차 문제(시험치기에 대한 불안)와 이차 문제(원래의 불안에 대한 공포) 모두에서 수치심이 핵심이라는 것을 알게 되었다. 그녀가 이러한 수치심을 감소시키기 위해서 노력하자 많은 어려움이 사라졌다. 수치심 깨뜨리기 연습을 통해서 그녀에게 효율적인 새로운 철학이 자리 잡았다. '그따위 빌어먹을 인정 같은 것은 필요 없어. 자기들이 생각하고 싶은 대로 생각하라지!' 이런 생각의 전환은 그녀에게 깊은 철학적 통찰을 가져다주었다.

4 기술 훈련

내담자의 문제가 때로는 어떤 기술의 부족과 관련되는 경우가 있다. 이런 기술에는 실제로 직업적인 기술(예, 서툰 컴퓨터 소프트웨어 사용)부터 대인관계 혹은 사회 기술도 있다. 내담자가 자신의 부족한 기술을 향상시킬 수 있는 적절한 교육을 받도록 권유할 필요가 있다.

사무원이었던 팸은 자신의 직업을 매우 불만족스럽게 생각하고 있었으며, 좀 더 전문적인 일을 하고 싶어 했으나 더 좋은 직장으로 옮길 수 없을 것 같은 두려움을 느끼고 있었다. 그녀는 자신의 업무 능력이 부족하다고 느끼고 있었다. 그래서 치료자는 고용시장에서 더욱 경쟁력 있는 사람으로 변화할 수 있는 훈련 프로그램을 찾아보도록 권했으며, 마침내 그녀는 몇 가지 유용한 프로그램에 참여하기 시작했다. 기술 훈련은 매우 현실적인 문제해결 방법이다. 어떤 면에서는 치료 방법으로는 근사해 보이지 않을지도 모른다. 만일 이러한 훈련에만 치료적 초점을 맞춘다면, 치료자는 치료자로서 생계를 유지하기 어려울 것이다. 그러나 팸과 같은 사람에게는 이런 접근이 자신의 직업적인 경쟁력에 대한 자신감을 높여 주기도 한다.

어떤 내담자는 사회적 상황에서 어려움을 보이는 경우가 있다. 이들은 사회적으로 부적절한 사람들이기보다는 단순히 대인관계 기술이 서툰 사람이다. 예를 들어 맥라렌은 낯선 사람과 회의할 때 심한 불편감을 느끼는 내담자를 종종 만난다. 그들 중 어떤 사람은 대화를 시작하거나 유지하는 것이 상당히 서툴다. 많은 경우 지적인 문제가 아니라 기술이나 연습이 부족해서 이런 모습을 보인다. 이런 경우 우리가 그들에게 일상적인 대화를 하는 방법, 개방형 질문을 던지는 방법, 호감이 가는 사람을 만났을 때 별로 위협적이지 않게 후속 만남을 제안하는 방법 등을 가르쳤다. 이런 기술을 배운 사람은 공격적이거나, 수동적인 모습을 버리고 적극적인 모습으로 변해 갔다. 이런 내담자는 수동적인 행동 양식을 너무나 오랫동안 유지해 왔기에 적극적으로 자기를 주장하는 기술을 많이 낯설어하고 어색해한다. '나' 를 사용하여 말하는 방법, 자세, 목소리 톤, 그 밖의 다른 영역에 대해서 조언하는 것도 필요하다(Alberti & Emmons, 1995).

4 역설적 과제

역설적 과제(Paradoxical Homework)는 겉으로 보기에 환자가 치료를 찾아 변하고자 하는 모습과는 반대로 해 보는 것이다. 이러한 모습에는 인지, 정서, 행동이 모두 포함될 수 있다. 수면 장애를 경험하고 있는 사람에게 자지 말라고 하고, 불안한 생각으로 고통받는 사람에게 하루에 몇 번씩 의도적으로 그 생각을 적극적으로 해 보라고 말한다. 강박적으로 자위하는 사람에게 매 시간 자위를 하라고 한다. 완벽주의자에게 일부러 실수를 하도록 하는 과제를 부여한다. 이와 같은 숙제의 목적은 내담자가 자신의 문제를 재구성해 보고, 그 과정에서 현실을 검증해 보도록 돕는 데 있다.

알리슨은 일반화된 불안으로 오랫동안 고통받아 왔다. 그녀는 온종일 불안한 생각이 들까 봐 두려워하고 있었다. 맥라렌은 알리슨이 다음과 같은 생각을 되풀이하기 때문에 불안을 느끼는 것이라고 보았다. 즉, '나는 절대 불안해지면 안 돼! 난 불안을 결코 견딜 수 있는 사람이 아니야!' 라는 생각이 그녀의 불안을 가중시켰다. 우리는 일주일간 매일 같이 불안한 생각을 의도적으로 생각해 내고 어떤 일이 일어나는지 살펴보기로 했다. 그다음 치료 시간부터 알리슨에게 상당한 변화가 나타났다. 그녀는 '억지로' 불안해지기란 쉽지 않다는 것을 알게 되었고, 불안해질까 봐 걱정하던 시간이 줄어들었다. 의도적으로 불안해지려고 노력하다 보니, 불안이 찾아올까 봐 걱정하는 것이 어쩐지 우스워졌다.

치료자는 역설적 과제를 오랫동안 사용해 왔으나, 이런 접근에 위험성이 없는 것은 아니다. 역설적 과제는 선택적으로 사용되어야 하며, 모든 내담자가 이런 접근에 잘 맞는 것은 아니다. 이 기법을 시도하기에 앞서 좀 더 공부를 하는 것이 좋다. 코시니(Corsini)가 편집한 『심리학 백과사전 2판』(1994)의 「역설적 개입」 장(Shohen & Rohrbuagh, Vol. 3, pp 5-8)을 참조해 볼 것을 권한다.

4 재발 방지

재발 방지(Relapse Prevention)에는 여러 가지 인지적, 정서적/체험적, 행동적 기법이 다수 포함될 수 있다. 재발 방지가 가장 필요한 사람들은 중독 환자다. REBT를 적용할 때에도 중독환자가 상당한 재발 충동을 지니고 있다는 것을 인정해야 하며, 재발을 막을 수 있는 방법을 적극적으로 찾고자 노력해야 한다. 내담자와 함께 재발 충동을 야기하는 생각과 경험에 대해서 살펴보고, 문제가 되는 상황을 이겨 낼 수 있는 방법을 같이 궁리해야 한다. 합리적인 대처말을 잘 익히기 위해 역할 연습과 심상 연습을 할 수 있다. 한편 문제가 재발하였을 때, 자기 수용이 무엇보다 중요하다는 점을 강조해 주어야 한다. 이는 재발해도 괜찮다는 뜻이 아니라 자기 비하를 하지 말아야 함을 의미한다. 자기 비하는 재발을 더욱 부추기는 역할을 한다. 우리는 행동을 문제 삼는 것이지 사람 자체를 문제 삼지 않는다.

실제 상황 둔감화

우리 인간은 때로 두려움의 대상을 조직적으로 그리고 종교적으로 회피함으로써 오히려 우리의 취약함에서 벗어나지 못하는 모순에 빠진다. 우리는 어떤 것을 너무나 두려워한 나머지 그것을 반드시 피해야 한다는 비합리적인 생각을 경직되게 하기도 한다. 그것을 피할 때마다 그 순간에는 고통에서 벗어나는 것처럼 보일 수 있다. 그러나 문제를 회피하면 고통은 줄어드는 것이 아니라 오히려 증가한다.

마티의 예를 같이 살펴보자. 마티는 주목받는 것을 너무나 두려워한 나머지 주목받는 상황을 피하는 데 많은 노력을 들이며 있는 듯 없는 듯 지내려 노력했다. 더욱이 대중 앞에서 말하는 것은 거의 불가능해 보였다. 백화점에서 점장으로 있는 그녀에게 이런 두려움은 직업생활을 어렵게 만들었다. 회사에서 그녀와 같이 일을 시작했던 동기는 그녀보다 빨리 승진을 했다. 그녀는 이에 대해 동기들이 자신보다 사람들과 쉽게 친해지고 의견이나 생각도 회의석상에서 쉽게 개진하기 때문이라고 생각했다. 그녀는 동료보다 뒤처지는 진짜 이유를 알지 못하고 있었다. 비록 동료가 앞서 나가는 이유를 정확히 알지는 못해도, 그녀가 내세우는 이유는 마티의 불안을 줄여 주는 역할을 했다. 면밀한 평가 결과, 마티는 관심을 한 몸에 받는 것에 대해 '긴장' 했으며, 이런 긴장감은 결국 상당한 불안으로 발전했다. 흥미로운 점은 그녀는 실제로 주목받았을 때 어떤 나쁜 일을 겪은 적이 없었다는 것이다(많은 내담자가 실제로 나쁜 경험을 했기에, 그 상황을 매우 싫어하게 되며 불안을 경험한다). 한편 마티는 똑똑한 여성이었기 때문에, 주목을 회피하는 방법을 잘 알고 있었다. 그와 같은 여러 방법을 통해서 마티는 관심을 피할 수 있었을 뿐 아니라, 주목이 끔찍하고 창피한 것이라는 생각을 계속 유지할 수 있었다.

실제 상황 둔감화의 목적은 정서적 고통을 야기하는 것이 상황이나 대상이 아니라 비합리적인 생각이라는 점을 보여 주고자 하는 것이다. 내담자를 비합리적으로 두려워하는 대상에 실제적으로, 심상적으로 반복 노출시킴으로써 그 대상과의 비합리적이고도 강력한 연합을 느슨하게 만들 수 있다. 노출을 통해서 내담자는 위협 대상을 마주하면 불편하기는 해도 생각처럼 그렇게 위협적이지는 않다는 것을 알게 된다.

어려운 상황에 머물기

내담자가 힘들어하는 상황에 머물고 버텨 보도록 격려하는 개입은 실제 상황 둔감화의 한 종류다. 어려운 상황에 머물러 보는 것은 그 상황을 견디는 방법을 배울 기회가 되며, 그 상황이 자신에게 도움이 되는 점은 없는지 합리적으로 따져 볼 기회도 된다. 또한 불편하기는 해도 그 상황을 감당할 수 있다는 자각을 증가시켜 준다.

4 합리적인 신념에 따라 행동하기

REBT는 내담자에게 비합리적인 생각에 반응하지 않고, 합리적인 사고로 전환하여 행동하도록 돕는다. 또 다른 방법은 내담자로 하여금 일부러 합리적인 생각만 가지고 있는 것처럼 행동하도록 격려하는 것이다. 이런 기법을 '되고 싶은 모습이 된 것처럼 행동하기' 라고 이름 붙일 수도 있다. 많은 사람은 긍정적인 행동을 하기에 앞서, 자기 안에서 기꺼이 하고자 하는 마음이 자발적으로 일어나기를 기다리는 실수를 범한다. 행동을 변화시키기에 앞서 자발적인 마음이 일어나기를 바라는 것은 어려운 일이다. 만일 내담자가 자신이 원하는 것을 선택하여 합리적인 생각에 기초해 행동부터 옮긴다면 오히려 동기가 뒤따를 것이다. 동기와 의지는 종종 앞서지 않고 뒤따라온다.

지금까지 제시한 기법을 적용하고자 할 때, 버나드와 월피(Michael E. Bernard & Janet L. Wolfe)가 편집한『The RET Resource Book for Practioners』를 참조할 것을 권하고 싶다. 이 책은 상당히 유용한 짧은 논문, 쉽게 사용할 수 있는 기법, 내담자에게 바로 나눠 줄 수 있는 자료로 구성되어 있다. 대부분의 내용이 오랜 기간 REBT

치료자로 활동해 온 이들이 엮은 것이다. 거기서 다루고 있는 주요 주제는 자기주장 훈련, 자신감 높이기, 논박하기, 강박적 공포 다루기, 꾸물거림 극복하기, 합리적인 자기말, 분노 줄이기, 자기 수용 등이다.

마지막으로 이상의 기법을 적용할 때 유의할 사항이 있다. 치료회기 간 숙제부여는 REBT에서 상당히 강조되는 부분이다. 인지적, 정서적/체험적, 행동적 숙제 중 어떤 것이든 치료회기 밖의 시간을 활용하는 것은 치료적 진전에 상당한 기여를 한다. 내담자에게 다양한 접근을 실험해 보고 시도해 보는 것은 성공적인 치료에서 아주 중요한 부분이다. 그 이유는 첫째, 여러분의 치료 접근에 새로운 개입을 무리 없이 통합시키는 데 연습이 필요하기 때문이고, 둘째, 학생들마다 자신이 선호하는 학습 방법이 있듯이 내담자에 따라서 특정 개입방법에 상당히 잘 반응하는 사람이 있는가 하면, 같은 개입에 대해서 전혀 효과를 보지 못하는 내담자도 있기 때문이다. 치료자는 항상 개방적인 태도로 이 모든 과정을 일종의 실험처럼 여기고 자신만의 스타일을 발전시켜 나가야 한다.

제8장

REBT와 다른 이론 체계의 통합

지금까지 소개한 것처럼 REBT는 그 나름의 독특한 이론과 기법을 가지고 있어 다른 주요 치료 체계와 구별되지만 또한 중복되는 면도 있다. 이 장에서는 REBT가 다른 체계와 어떻게 통합될 수 있는지를 살펴보고자 한다.

1 REBT와 정신분석적 및 정신역동적 치료의 통합

정신분석적 치료에서는 인간의 무의식적 사고, 감정, 활동이 자기도 모르게 자신을 고통스럽게 하며, 증상을 호전시키기 위해서는 무의식적 동기를 개인이 자각할 수 있도록 도와야 한다고 강조한다(Freud, 1965). REBT에서는 내담자가 흔히 자신의 비합리적 신념을 제대로 의식하지 못하며, 이에 비해 합리적 신념은 비교적 잘 의식한다고 가정하고 있다. 내담자가 이런 신념을 '억압' 하고 있다고는 보지 않으며, 이들 대부분의 신념은 의식의 표면 바로 아래에 있어서—이름을 깜박할 때처럼—비교적 찬찬히 주의를 기울이면 쉽게 의식할 수 있는 것이다. REBT는 의식하지 못했던 비합리적 신념을 내담자에게 선명하게 자각시켜 주고 이를 논박하도록 돕는 데 많은 시간을 할애한다.

REBT는 프로이트학파의 방어 체계도 부분적으로 인정한다. 모든 사람이 자신의 '나쁘거나 잘못된' 행동을 인정하기 싫어하며 그래서 때로는 방어적이 된다. 특히 반드시 어떻게 행동해야 한다거나 그렇게 행동해서는 안 된다고 강하게 믿고 있을 때, 자신의 '나쁜' 행동을 인정하게 되면 자신을 책망할 수밖에 없기 때문에 사람들은 흔히 자기가 한 행동을 기억하지 못하거나 합리화하려 들고 또는 투사하거나 다른 방식으로 방어한다. 방어적일 때 그의 나쁜 행동을 굳이 들추는 것은 도움보다는 오히려 해가 되기 쉽다. 그래서 REBT에서는 무조건적인 수용의 철학을 강조하고 이를 내담자에게 가르친다. 내담자가 자신의 '나쁜' 행동을 그대로 수용하도록 돕고, 그들의 인격이나 인간성을 책망하지 않도록 가르친다. 내담자가 무조건적 수용 관점을 제대로 이해하면, 덜 방어적이 되고(특히 덜 억압하게 된다) 개인의 인격이 아닌 특정 행동에 대해 평가하게 된다.

REBT는 프로이트학파의 심리성적발달 이론보다는 코헛(Kohut)의 자기심리학에 좀 더 가깝다. 많은 장애의 중심에 자기멸시가 있다고 보고 특히 자기평가를 탐색한다. 어떤 점에서는 클라인(Klein, 1984)과 위니콧(Winnicott, 1975)의 대상관계 이론과도 가깝다. 왜냐하면 대부분의 내담자가 다른 무엇보다도 인간관계에 대해서 과도하게 염려하고 있다고 보기 때문이다. REBT에서는 대인관계에 관한 비합리적 신념을 탐색하고 이해하며 변화시키도록 돕고, 관계를 맺고 유지하는 데 필요한 사회기술 훈련도 시키고 있다.

REBT는 대개는 내담자의 어린 시절 초기 경험을 광범위하게 분석하지는 않으며, 내담자가 현재 보이는 어려움에 초점을 둔다. 그러나 현재 보이는 비합리적 신념을 내담자에게 이해시키기 위해서 생의 초기 경험에 뿌리를 둔 비합리적 신념의 배경과 비합리적 신념이 오늘날까지 무비판적으로 유지될 수 있었던 이유를 찾아보기도 한다. 또한 자기파괴적인 정서적 및 행동적 반응이 생의 초기에 어떻게 형성되었고 지금까지 활발히(때로는 무의식적으로) 유지되어 온 이유도 살펴본다.

예를 들어 매기는 남편과 성관계를 가질 때, 자신이 뭔가 '더럽혀지고 마치 욕구 배설구' 가 된 듯한 느낌이 계속 들어 치료실을 찾았다. 그녀가 성관계를 먼저 원하는 경우는 거의 없고 남편이 요구할 때만 가졌다. 이 부부는 비교적 건강하고 솔직하며 서로 간에 의사소통을 잘하고 있었지만, 이 문제로 인해 결혼 생활에 위기를 맞게 되었다. 매기는 남편을 여전히 좋아했고 이대로 있어서는 안 되겠다는 생각이 들었다. 이들 부부는 많은 노력을 했다. 전희, 비성적인 친밀한 행동 그리고 성교를 갖지 않는 친밀한 행동을 늘렸지만 별 효과가 없었다. 더욱 면밀한 면접을 하고서야 매기가 아동기 때 양부에게서 반복적으로 성적인 학대를 당했다는 사실을 알 수 있었다. 그 당시 매기는 양부에 의해 자신이 부적절하게 이용당하고 있다고 생각했다. 불행하게도 매기는 그 이후로 모든 성적인 접촉에 그런 생각을 일반화시켰다. 그 결과 그녀는 무의식적으로 모든 섹스는 '나쁘고, 잘못되었으며, 자신을 몹시 위협한다.' 라고 여겼다. 그녀는 남편이 성적인 접촉을 원할 때 상당한 분노를 느꼈다.

또 다른 예로, 사라의 어머니는 정신분열증 환자였는데, 그녀가 어렸을 때 그녀가 뭘 하든 사사건건 비난했다. 사라는 어머니의 이런 행동으로 인해서 자신이 타인의 비난을 지나치게 두려워하게 되었다고 생각하고 있었다. 지금까지 사라는 누군가 자신을 비난할 때마다 화가 나고 우울해진다고 생각했다. 사라의 이런 생각에 대해 엘리스는, 그녀의 쌍둥이 여동생 샐리도 사라와 같은 어머니 밑에서 같은 비난을 들으며 자랐지만 그녀와 반대되는 태도를 갖고 있고 다른 사람의 비난을 들어도 별로 심각하게 여기지 않는다는 사실을 말해 주었으나 사라의 생각은 거의 달라지지 않았다. 엘리스는 사라가 비난에 난폭하게 대응하는 것이 어머니와의 관계 때문만은 아니라고 가정했다. 부당하게 트집 잡는 어머니의 행동과 함께 사라의 신념 체계가 그녀를 예민하게 만들어 부정적인 정서적 결과를 일으켰을 것이다.

사라는 이런 지적을 받아들이지 않았고 자신을 아동기 때 괴롭힌 것은 어머니의 혹평이었으며 그런 과거 경험이 30세 성인이 된 지금까지 자신을 고통스럽게 만든다고 주장했다. 엘리스는 어린 시절 그녀가 자신에게 혼잣말로 뭐라고 했을 때 화가 나고 우울했는지를 살펴보도록 도왔다. 이는 쉬운 과정이었다. 그녀는 그 당시에 자신에게 한 말을 분명히 기억하고 있었다. '너무 부당하다! 나는 착한 아이가 되기 위해서 할 수 있는 것은 모두 했다. 사람들에게 특히 엄마에게 잘하려고 하는데, 엄마는 나를 나무랄 구석만 열심히 찾는다. 그녀는 정말 말도 안 되게 부당하다. 그녀는 정말 몹쓸 인간이다. 엄마도 나를 아무 이유 없이 이렇게 나무라는데, 하물며 다른 사람은 어떻겠나? 다 마찬가지다. 나는 평생 사람들에게서 이런 소리를 듣고 살아야 할 거다. 정말 인간이 싫다! 정말 지긋지긋하다! 사람들이 그렇게 부당하게 하도록 내버려 둬선 절대 안 된다!'

사라는 아동기 때 이런 생각을 속으로 계속해서 곱씹었으며 다른 어떤 것 못지않게 이런 생각이 자신을 화나고 우울하게 만드는 데 큰 영향을 미치고 있었다는 것을 이제 알게 되었다. 'A' 혼자서 'C'를 일으킨 것이 아니었다. A×B가 C를 일으킨 것이다.

엘리스가 사라에게 비합리적 신념을 찾아보도록 했을 때, 사라는 자신이 오늘날까지 그런 신념을 강하게 고집하고 있다는 사실을 새롭게 알게 되었다. 그녀는 다음과 같이 강하게 믿고 있었다. '어느 누구도—특히 어머니는—나를 부당하게 대해서는 절대 안 된다.

사람들이 나를 부당하게 대하면, 모든 사람이 다 이를 따라할 거고 나를 싫어할 거다. 그렇게 비난을 받는다면 도저히 나는 행복할 수 없을 거다.' 부당한 대우를 함께 겪었던 샐리와의 대화도 과거나 현재의 부당한 사건이 자신을 고통스럽게 한 것이 아니고 그것에 대한 그녀의 개인적인 반응이 고통의 근원이라는 인식을 갖게 하기에는 역부족이었다. 그녀가 지금 갖고 있는 신념이 아동기 때 그녀가 갖고 있던 신념과 본질적으로 다르지 않다는 것을 확인시켜 주면 줄수록 그녀는 문제가 삶의 역경 자체가 아닌 그것에 대한 자신의 신념에 있었음을 점차 더 인식할 수 있었다.

이후에 사라는 자신의 초기신념을 다시 평가했다. 심리적으로 장애가 있는 사람들이 흔히 그렇듯이, 그녀는 어머니가 자신을 부당하게 대했다는 것을 다시 확인했다. 그리고 다음과 같은 판단도 덧붙였다. '사람들이 부당하게 행동한다면 그 행동은 부당한 것이다. 모든 사람이 나의 어머니처럼 부당하게 행동하는 것은 아니다. 부당한 것이 몹시 싫더라도 여동생 샐리처럼 그것을 너무 심각하게 받아들이지 않는다면 격분하거나 우울해지지 않을 수도 있다.' 그녀는 여전히 어머니를 포함하여 부당하게 대하는 사람들을 피했지만, 정신분열증인 어머니를 이제는 용서할 수 있었고, 다른 사람이 그녀를 부당하게 대할 때, 그들의 행동은 받아들이지 못하지만 그 사람 자체는 수용할 수 있었다.

사라의 아동기 신념을 탐색하고 이에 대해서 생각하고 도전하도록 함으로써, 사라가 그런 신념을 어떻게 지금까지 유지해 올 수 있었는지, 그리고 그런 신념이 얼마나 비합리적인지를 알게 하고 이를 더 이상 고집하지 않도록 도왔다. 엘리스는 그녀가 그런 생각을 적극적으로 유지해 온 방식과 그런 생각을 합리적으로 논박할 수 있는 방법을 그녀에게 알려 주기 위해서 이미 과거를 이용했다. 그녀는 엘리스에게서 배운 비합리적 신념에 대한 논박 기술을 그 이후에도 생활 속에서 사용했다. 상당히 비판적인 상사 밑에서도 일을 잘할 수 있었는데, 상사의 부당한 비난이 이제는 그렇게 심각하게 받아들여지지 않았으며 한 인간으로서 자신에 대한 가치감을 흔들어 놓지도 않았다. 까다로운 상사 밑에서 일할 때, 분노와 자기비하감이 아닌 좌절감과 안타까움으로 반응하는 것을 학습하면서 그 일자리를 계속 유지할 수 있었다.

4 REBT와 감정에 초점을 두는 치료의 통합

게슈탈트 치료(Perls, 1969)와 라이히 치료(Reich, 1960)는 감정 기법(feeling techniques)을 중요시한다. REBT 또한 그렇다. REBT는 생각과 감정이 분리된 것이 아니며 본질적으로 관련된 것으로 본다. 또한 사람들은 강제적 당위성이나 요구성(이는 인지적이고 정서적이다)을 흔히 수반하는 강한 욕구로 인해 비합리적인 신념을 가지게 된다고 본다. REBT는 대개 불안이나 우울과 같은 고통스러운 감정에 초점을 두고 치료를 시작한다.

6장에서 소개한 대로, REBT는 엘리스와 다른 REBT 치료자에 의해 개발된 정서적 기법을 사용한다. 수치심 깨뜨리기 작업(shame-attacking exercises)(Ellis, 1973)과 합리적 정서 심상 형성(Ellis, 1993; Maultsby, 1984)이 그 대표적인 것이며, 개인의 생각과 행동 변화를 돕기 위해서 대처말 숙달시키기(forceful coping statements)와 자기 대화(self-dialogues)(Ellis & Velten, 1992)를 사용하기도 한다. REBT는 체험적 작업, 참만남 집단, 마라톤 집단도 활용하며 감정 치료의 다양한 기법을 이용한다(Ellis & Dryden, 1997). 오늘날 활용되고 있는 여러 인지행동 치료 형태 중에서 REBT가 다른 체계보다 특히 감정 기법을 강조하고 있다고 해도 과언이 아니다.

4 REBT와 행동치료의 통합

REBT는 행동치료다. 행동치료도 인지적 방법을 항상 활용하고 있는데, 특히 내담자에게 행동적 기법을 가르칠 때 그렇다. 엘리스가 심리적 장애를 일으키는 중요 역할을 비합리적 신념이 하고 있음을 강조하고 비합리적 신념을 논박하는 구체적 방법을 기술하기 전까지는 행동치료에서 인지적 적용이 활발한 편은 아니었다(Ellis, 1962, 1994). 지난 40년 동안 행동치료의 대부분은 인지행동적인 특성을 갖게 되었으며, 아주 소수의 행동치료자만이 이론과 실제 장면에서 인지의 활용을 고집스럽게 거부하고 있다.

REBT 이론은 항상 행동적인데, 비합리적 신념은 역기능적 행동을 일으키고 그런 행동(공포증에서 보이는 회피행동 같은)은 다시 비합리적 신념을 강화시켜 준다. 내담자의 비합리적인 신념을 변화시키기 위해서 내담자에게 비합리적 신념과 반대되는 행동을 하도록 시키기도 한다. 엘리베이터 공포증 환자는 엘리베이터를 타는 모험을 불편하더라도 참고 견딤으로써 엘리베이터가 아주 위험하다는 역기능적인 믿음을 떨쳐 버릴 수 있다.

엘리스는 관련된 자신의 경험을 다음과 같이 회상했다. "나는 대중 앞에서 말하는 것에 대한 두려움, 즉 사회 공포증이 19세 때 있었는데, 실제 장면 노출을 통한 둔감화 작업을 여러 번 반복함으로써 이를 극복할 수 있었다. 그렇지 못했다면 지금의 REBT는 탄생하지 못했을 것이다." REBT는 상상을 통한 둔감화보다는 노출을 통한 둔감화 방법을 더욱 선호한다. 또한 REBT는 과제 할당, 역설적 과제, 강화, 자극 통제, 재발 방지, 주장성 훈련과 그 외의 기술 훈련(7장에서 소개된 행동적 개입 참고) 등의 다양한 행동적 방법도 일상적으로 사용한다. 다시 강조하지만 REBT는 대표적인 인지행동치료인 동시에 행동치료다.

급진적 행동치료는 스키너의 이론과 조작적 조건형성을 강조하지만, 많은 인지적 방법을 수용치료(Acceptance Therapy)(Hayes, 1987)라는 형식으로 수용하고 있다. 내담자가 근본적으로 변화되기 위해서는 행동적 변화뿐만 아니라 내면의 철학도 함께 변해야 한다는 점에서는 REBT와 생각이 같다. 하지만 급진적 행동치료는 벡(Beck,

1976)과 엘리스(Ellis & Dryden, 1997; Ellis, Gordon, Neenan, & Palmer, 1998)의 인지적 재구성 방법보다는 역설적이고 통제적인 방법을 더욱 강조한다. REBT는 치료 절차에서 파블로프식의 강화가 아닌 스키너식의 조작적 조건형성을 상당히 활용하고 있다.

4 REBT와 인간중심치료 및 실존치료의 통합

로저스(Rogers, 1957)와 실존적 입장의 치료자인 메이(May, 1969)나 얄롬(Yalom, 1990)과 같은 치료자는 개인이 상당한 선택권을 갖고 있다고 본다. 사람들은 제한적이나마 다양한 사고, 감정, 행동 양상을 선택할 수 있으며, 이를 통해서 자신의 자조적(self-helping)인 혹은 자기패배적인 행동을 구성할 수 있다. 특히 다른 동물과는 달리 인간은 자기나 인간성에 대해 부정적이든 긍정적이든 어떤 견해를 선택할 수 있고, 자기나 존재에 대한 긍정적 혹은 부정적 견해를 취하는데, 이는 인간 기능의 중요한 부분이다.

인간중심치료와 실존주의적 입장은 내담자가 자신을 무조건적으로 수용할 수 있도록(로저스는 이를 '무조건적인 긍정적 존중' 이라 불렀다.) 돕기 위해 노력하는데, 이는 단지 내담자가 살아 있고 인간이기 때문이지, 그가 다른 사람과 어울려 잘 행동했기 때문이라는 식의 조건적인 존중은 아니다. 내담자는 자신의 행동에 대해서 도덕적인 혹은 목표지향적인 입장에서는 명확하게 평가할 수 있지만, 자신을 결코 비하해서는 안 되고 자신에 대해 항상 수용적인 자세를 가져야 한다. 내담자가 무조건적인 수용에 도달하도록 돕기 위해서 인간중심 치료자와 실존 치료자는 자신들의 내담자를 무조건적으로 수용하는 것이 중요하다. 치료자가 내담자의 결점과 실패에도 불구하고 그를 진심으로 수용하는 모습을 보여 준다면, 내담자도 이런 치료자의 모습을 본받으려 할 것이고 그러면 내담자는 자신을 충분히 수용할 수 있게 될 것이다.

REBT 치료자는 인간중심적이고 실존적인 모델을 따르며 무조건적으로 내담자를 수용하기 위해서 최선을 다하는데, 이는 인간이 효율적으로 기능하기 위해서는 무조건적인 수용이 그만큼 중요하기 때문이다. 하지만 주의할 것은 치료자가 내담자를 무조건적으로 수용만 하다 보면 내담자는 치료자가 자신을 수용하기 때문에 자신을 수용할 수 있다는 식으로 오히려 조건적인 수용을 하기 쉽다. 따라서 REBT 치료자는 내담자를 무조건적으로 수용하는 것에 더해서 내담자 스스로가 자신을 무조건적으로 수용할 수 있어야 한다고 강조해서 가르칠 필요가 있다.

REBT에서는 두 가지 무조건적인 자기 수용 방법을 내담자에게 가르치고 있다.

1. 여러분 자신을 온전히 수용하도록 선택하라. 그 이유는 여러분 자신이 살아 있고 인간이라는 것만으로도 충분하다. 이는 모든 인간이 공유하는 권리이기도 하다. 따라서 다음과 같은 결론이

가능하다. '나는 존재한다는 것만으로 정당하고 가치 있다.'

2. 절대 여러분 자신을 싸잡아서 평가하지 마라. 단지 여러분의 생각, 감정, 행동만을 평가해라. 그것도 여러분의 목표 성취나 가치관과 관련되는 경우에만 좋거나 나쁘다는 식으로 평가하라. 여러분의 존재, 본질, 개인적 성격을 평가해서는 안 된다.

이와 같이 REBT는 실존적 심리치료 중 하나라고 볼 수 있다. 하지만 대부분의 실존적 심리치료가 로저스와 같이 상대적으로 소극적인 입장이지만, REBT는 상당히 적극적이고 지시적인 방법을 사용하며 그런 방법이 더욱 효과적이라고 본다. REBT 치료자는 무조건적인 수용을 실천함으로써 내담자에게 좋은 모델이 되고자 하며 동시에 이를 내담자에게 적극적으로 가르치기도 한다.

4 REBT의 구성주의치료의 통합

켈리(Kelly, 1955)는 구성주의치료의 선구자로서 에픽테토스(Epictētos)와 일부 고대 철학자의 주장과 뜻을 같이한다. 이 책의 2장에서 언급하였듯이, REBT는 분명히 구성주의적 치료다. 하지만 상당수의 구성주의적 치료자는 다소 비지시적이고, 내담자가 스스로 결론에 이르기까지 충분히 기다린다(Guterman, 1994). 이에 비해 REBT는 구성주의와 적극적이고 지시적인 치료를 혼합한 형태를 취

한다(Ellis, 1997). REBT는 구성주의와 실존주의 철학을 내담자에게 가르치고 내담자가 창의적인 관심을 갖고 이를 활용하도록 격려한다.

4 REBT와 대인관계치료의 통합

설리번(Sullivan, 1953)은 치료자와 내담자의 개인적인 관계를 활용해서 내담자가 사회적으로 잘 적응해 나가도록 도왔던 선구적인 치료자였다. 클러먼 등(Klerman, Rounsville, Chevron, Nev, Weissman, 1979)은 그의 이런 치료를 지지했으며 이런 치료 체계를 대인관계치료(Interpersonal Therapy, IPT)라고 불렀다. REBT 또한 대인관계를 늘 강조하고 있다. 엘리스는 정신분석가가 되기 이전인 1943년에서 1947년 사이에도 성치료와 관계치료를 열성적으로 하고 있었다.

> REBT를 개발한 후에, 나는 성과 사랑의 관계에 관한 대중적인 책을 몇 권 썼다(Ellis, 1957, 1958, 1960, 1976, 1977, 1979). 내담자와 함께 작업할 때, 나는 다음의 몇 가지 사항을 항상 염두에 두었다. ① 나는 내담자의 단점에도 불구하고 그리고 나와 다른 사람에 대한 그들의 불손한 행동에도 불구하고 그들을 무조건적으로 수용하려고 항상 최선을 다한다. 또한 내담자의 무조건적인 타인 수용도 강조한다. ② 내담자가 나와 맺는 관계를 통해서 나는 내담자가 다른 사람과 맺는 관계를 이해할 수 있다. 때로는 쉽지 않은 일이지만, 이것이 내담자의 비효율적인 사회적 관계를 확인하고 이를 적절히 교정하는

데 많은 도움이 된다. ③ 나는 다른 사람과 그들의 관계에 초점을 두고 때로 사회적 관계 향상을 위한 사회기술 훈련을 시키기도 한다. ④ 때로 나는 내담자에게 내가 하는 치료집단에 참여하도록 권하기도 한다. 이는 내담자가 다른 사람과 맺는 관계 양상을 직접 관찰할 수 있게 해 줄 뿐만 아니라 내담자가 자신의 사회기술을 직접 연습해 볼 수 있는 기회도 갖게 해 준다. ⑤ 나는 내담자가 다른 사람과의 관계에서 좀 더 효율적으로 기능하는 것을 돕기 위해서 워크숍, 강좌, 책, 시청각 자료를 권하기도 한다.

REBT는 집단상담이나 다른 치료 절차뿐만 아니라 치료자와의 개인적 관계를 통해서도 내담자가 자신의 대인관계를 향상시킬 수 있도록 돕는데 많은 비중을 둔다.

5 REBT와 가족체계치료의 통합

가족체계치료에서는 일반적으로 개인은 가족체계에 의해 많이 지배된다고 본다. 따라서 개인을 다룰 때 중요하게 고려할 부분은 바로 가족체계며 이를 적절히 조정하는 것이 가족의 한 구성원인 개인을 돕는 효과적인 방법이라고 가정한다. REBT는 이런 입장을 대부분 수용한다. 하지만 REBT에서는 가족체계에 개입하는 방법에 더해서 구성원 개인의 심리적 장애를 다룰 필요성도 함께 강조한다.

조안은 남편 댄이 자신을 '배려하지 않고' 일주일에 두 번씩이나 성관계를 요구하는 것에 화가 나 있다. 조안은 한 달에 한 번 정도의 성관계를 원했다. 한편 댄도 조안에게 화가 나 있는데, 이는 그가 원하는 만큼 조안이 성관계를 허락하지 않기 때문이다. 또한 댄은 자신이 조안에게 더 이상 매력적이지 않다는 생각이 들어 우울해했다. 엘리스는 REBT를 이들 부부에게 적용했다. 먼저 조안을 화나게 한 비합리적 신념을 살펴보았다. 즉, '댄은 내가 원하지 않으면 성관계를 절대 요구해서는 안 된다. 그는 배려라고는 모르는 사람이다. 나는 그를 더 이상 두고 볼 수 없다!' 조안은 이런 비합리적인 신념을 인정했으며 이 신념을 논박했다. 조안은 다음과 같은 합리적 신념과 효율적인 새로운 철학을 갖게 되었다. '댄이 좀 더 사려 깊은 사람이었으면 좋겠지만 그가 반드시 그래야만 하는 것은 아니다. 그는 때로 사려 깊지 못하게 행동하지만 어떤 때는 매우 친절하고 사려 깊게 행동하기도 한다. 따라서 그가 사려 깊지 못한 사람이라고 보기는 어렵다. 그의 행동 중 일부는 싫지만 그래도 나는 그를 참을 만하다고 여기며 여전히 그를 사랑한다.'

댄 역시 자신의 비합리적 신념을 살펴보았다. 그 신념은 다음과 같았다. '나는 적어도 일주일에 두 번 성관계가 필요하다. 조안이 내가 필요로 하는 만큼 충족시켜 주지 못하는 것은 정말 끔찍한 일이다. 나의 아내로서 조안은 나를 좌절시켜서는 절대 안 된다. 그녀는 불감증에 걸린 여자 같다!' 댄은 이런 비합리적 신념을 논박했으며, 다음과 같은 합리적인 선호로 신념을 변화시킬 수 있었다. '나는 일주일에 적어도 두 번 성관계를 갖고 싶다. 하지만 꼭 그럴 필요가 있는 것은 아니다. 그거 좀 안 한다고 죽는 것은 아니다. 내 욕구

대로 되지 않는다고 해서 큰일 나는 것도 아니고 그게 절대 잘못된 것도 아니다. 조안이 내 생각대로 성적으로 관심이 없다면 그것은 성적인 관심이 없는 것일 뿐 암캐라고 할 것까지는 없다. 그녀에 대한 나의 분노를 가라앉히고 그녀가 더 많은 성관계를 원하도록 설득할 수 있는 기회를 기다려 보자. 내가 그녀에게 매력적이지 않더라도 내가 내 자신을 비하해서 우울해질 것까지는 없다.'

조안과 댄은 자신들의 문제가 되는 생각을 수정했고 서로에 대한 건강하지 못한 분노감을 건강한 실망감과 후회의 감정으로 바꾸었다. 댄은 더 이상 자기비하와 우울감에 빠지지 않았다. 이제 이 부부는 부부체계를 기꺼이 변화시킬 수 있게 되었다. 대개 체계 변화는 가족 구성원이 여전히 화나 있고 우울하거나 적대적이면 다소 지연된다. 치료자가 체계 자체에 큰 변화를 제안하는 방식으로 개입할 때 새로운 체계가 제대로 자리를 잡지 못할 우려가 있다. 그보다 먼저 거의 모든 사람이 체계 내에서 보이는 자기파괴적인 경향을 변화시킬 수 있도록 돕는다면, 사람들은 흔히 외부적인 도움이 있든 없든 간에 스스로 체계를 변화시킬 수 있을 것이다.

엘리스는 조안과 댄이 가족 상황을 좋게 만들 수 있는 몇 가지 체계 변화를 제안했다. 첫 번째, 두 사람은 섹스를 '신체적인 성관계'가 아닌 '섹스 놀이(sex play)'로 보도록 노력했다. 조안은 일주일에 두세 번 손가락이나 혀로 댄을 만족시켜 주었으며, 댄은 한 달에 두 번 신체적인 성관계를 통해서 조안을 만족시켜 주었다. 두 번째, 댄은 조안과 쇼핑하기, 집 청소하기, 요리하기 등과 같은 비성적인 방식으로 조안을 즐겁게 해 주었으며, 이는 그녀가 그를 '좀 더 배려 깊은' 사람으로 보게 해 주었다. 세 번째, 댄은 그녀가 성적으로 자신을 만족시켜 줄 때 그녀에게 특별한 관심을 보여 줌으로써 그녀의 행동을 강화시켜 주었다. 그녀는 특히 신선한 꽃을 좋아했는데, 그녀가 성적으로 그에게 잘해 줬을 때 그는 그녀에게 꽃을 선물함으로써 감사의 뜻을 표현했다. 가족체계의 이런 변화—이 중 일부는 그들 스스로 얻어 낸 것이다—는 상당히 효과적이었다. 체계에 대한 변화 시도와 함께 각 사랑에 대해 개별적인 REBT를 병행한 것이, 개인적 접근 혹은 체계적 접근 한 가지만 시도한 것보다 더 효과적인 치료적 변화를 이끈 것으로 여겨진다.

4 그 외의 인지행동치료와 REBT의 통합

1955년에 소개된 REBT는 최초의 근대적 인지행동 치료라 할 수 있다. 10여 년 뒤에 다른 치료가 뒤를 이었는데, 특히 벡(Beck, 1976)과 마이헨바움(Meichenbaum, 1977)의 치료이론이 그 대표다. 이들 대부분은 REBT에서 사용하는 비합리적 신념 논박과 인지적 재구성 같은 방법을 유사하게 사용했으며, 이런 경향은 오늘날까지 이어지고 있다. 따라서 REBT는 이들과 상당히 유사하며 통합되어 사용되고 있다.

벡의 인지치료(Beck, 1976, 1993)는 다른 인지행동치료보다 REBT

와 좀 더 유사하다. 초기에 그의 인지치료는 핵심 비합리적 신념이 아닌 '자동적 사고'를 논박하는 데 초점을 두었다. 최근에는 인지치료에서도 REBT와 같이 핵심 신념을 재구성하는 과정이 강조되고 있으며, 이는 내담자가 심각한 성격장애를 보일 때 특히 중요시된다. 그러나 REBT에서 대부분의 비합리적 신념이 당위적 강제성과 요구성에 기초하고 있다고 보는 데 비해 인지치료에서는 이들 당위적/요구적 사고를 개인화(personalizing)와 같은 역기능적 자동적 사고 중 하나로 보고 있다. 벡(Beck, 1976)은 REBT에서 사용하는 강한 정서 기법이나 노출 기법을 그다지 강조하지는 않았지만, 최근의 인지치료자는 이와 같은 REBT의 기법을 많이 도입해서 사용하고 있다(Beck, 1993).

구성주의적 인지행동 치료자(Guidano, 1991; Kelly, 1955; Mahoney, 1991; Neimeyers & Mahoney, 1995)도 일부 역기능적인 사고, 감정, 행동을 변화시키려는 내담자의 선천적 경향을 강조하며, 이 점에서는 REBT와 유사하다. 그러나 이런 접근은 REBT에 비해서는 덜 적극적이고 덜 지시적이며, 정서를 자극하는 방법과 실제 상황에 노출시키는 둔감화 방법을 덜 사용하는 경향이 있다. 이런 치료의 효과를 REBT(Ellis & Dyrden, 1997; Ellis, Gordon, Neenan, & Palmer, 1978)나 인지치료(Beck, 1976, 1993; Beck & Emery, 1985)와 비교한 연구 결과는 어떤 치료 체계가 어떤 종류의 내담자에게 더 효과적인지에 대해 중요한 시사점을 제시하고 있다.

요 약

REBT의 기본 철학과 원리는 일관되게 유지되어 온 반면에, REBT의 임상적 적용은 계속해서 발전되어 왔다. 이 책을 통해서 여러분께 전해 주고 싶었던 것은 이론에 대한 개요뿐만 아니라 뉴욕에 있는 저자의 연구소와 전 세계에 있는 REBT 치료자가 실제로 사용하고 있는 구체적인 치료 개입에 관한 최근 정보다.

우리가 사용하고 있는 모든 치료적 개입을 우리가 개발했다고는 할 수 없다. 이 책에서도 언급했듯이, 우리는 다양한 치료적 접근에서 좋은 치료 방법을 도입해서 적응적이고 유연하게 활용하고 있다. 다음은 꼭 기억해 두었으면 하는 가장 중요한 내용 몇 가지를 요약한 것이다.

- 여러분 자신의 스타일을 완성하는 것이 좋다! 자신의 성격에 맞지 않는 치료 접근을 불편함을 무릅쓰고 억지로 고집하는 것보다 더 치료적이지 않은 것은 없을 것이다. REBT 접근의 실용적인 측면 중 하나는 어떤 사람의 스타일에도 잘 통합될 수 있다

는 것이다. REBT를 적용하는 방식이 여러분을 많이 불편하게 하면, 여러분의 '진솔한' 모습을 많이 가미시켜 여러분의 방식으로 REBT를 적용하려고 노력하는 것이 좋다.

- 평가 단계는 중요하며 지속적인 과정이다! 내담자는 흔히 치료 초기에 여러분의 능력을 평가하기 위해서 일종의 '시험' 문제를 가지고 여러분을 테스트할 수도 있는데, 여러분이 그 과제를 감당할 수 있음을 증명하는 것은 여러분의 몫이다.
- 자신에게 REBT를 적용해 보라! 이론에 정통해질 수 있는 가장 좋은 방법 중 하나는 자신의 삶에 이론을 적용해 보고 자신의 비합리적인 신념에는 어떤 것이 있는지 살펴보는 것이다. 여러분의 비합리적 신념이 무엇인지를 모르는데, 어떻게 내담자가 자신의 비합리적 신념을 찾는 데 적절히 도와줄 수 있겠는가!
- 연습, 연습, 또 연습하라! 사람에 따라 효과적인 치료적 개입이 다르다는 사실을 명심해야 한다. 충분한 연습을 통해 작업을 위한 준비가 잘되어 있을수록 당신은 다양한 내담자를 더 성공적으로 즐겁게 치료할 수 있을 것이다.

부 록

합리적 정서행동 치료의 성과를 지속시키고 향상시키는 방법*

앨버트 엘리스

여러분이 합리적 정서행동치료의 원칙과 기법을 당신에게 적용해서 작업하다 보면, 자기패배적인 사고와 감정 및 행동이 변화되고 치료를 처음 시작할 때보다 기분이 훨씬 좋아지는 것을 경험할 수 있을 것이다. 그러나 때로는 좋아졌다가 나빠질 수도 있다. 아무도 완벽하지는 않다. 실제로 모든 사람이 한 걸음 후퇴했다 두세 보 전진하는 모습을 보인다. 왜 그럴까? 이런 것이 인간의 본성이다. 좋아졌다가 때로는 호전을 멈추기도 하고, 때로는 후퇴해 악화되기도 한다.

* 이 글은 합리적 정신치료 연구소에서 발간한 팸플릿의 내용을 허락하에 수록한 것임.

여러분은 어떻게 하면 후퇴하는 것을 조금이라도 줄일 수 있을까? 여러분의 치료 목표를 어떻게 계속 유지하고 향상시킬 수 있을까? 여기에서 소개하는 방법은 뉴욕에 있는 우리 클리닉에서 다수의 내담자를 통해서 효과를 검증한 내용이다.

호전을 유지시켜 주는 방법

1. 여러분이 좋아졌다가 다시 이전의 불안감, 우울감, 자기비하 상태로 돌아갈 때, 이전에 호전을 가져왔던 변화된 생각, 감정, 행동을 정확하게 다시 상기하고 이에 주의를 두려고 노력해야 한다. 만약 다시 우울해진다면, 우울에서 벗어나기 위해서 이전에 사용했던 방법을 다시 상기해야 한다. 예를 들면 이런 것을 떠올릴 수 있다.

   - 나 자신이 무가치하고 앞으로도 원하는 대로 될 수 없을 거라는 생각에 사로 잡히지 않았다.
   - 나는 직장에서 적응을 잘하고 있었고 연애도 잘했으며 나는 능력이 있으며 사랑스러운 존재라는 것을 상기하려고 애썼다.
   - 나는 사람들을 피하기보다는 계속해서 만나 얘기를 나누었고 그래서 그들에 대한 불안감을 극복할 수 있었다.

이 외에도 여러분의 변화를 도왔던 과거의 생각, 감정 및 행동을 자신에게 상기시켜라.

② 합리적 신념이나 적응적인 대처말을 계속해서 생각하고 또 생각해라. '성공한다면 참 좋은 일이다. 하지만 내가 실패한다 하더라도 나는 한 인간으로서 충분히 인정받을 수 있으며 그 자체를 즐거운 경험으로 간직할 것이다.' 이런 자기말을 앵무새처럼 따라 하는 것만로는 충분하지 않다. 자기말을 진지하게 여러 번 반복해서 숙지하고 실제로 믿고 진리로 느낄 수 있도록 충분히 숙고해야 한다.

③ 여러분을 다시 고통에 빠뜨린 비합리적 신념을 계속해서 찾고 발견해서 논박하고 도전하라. '내가 가치 있는 사람이 되기 위해서는 반드시 성공해야 한다.'는 비합리적 신념을 갖고 있다고 하자. 자신에게 이런 물음을 계속 던져 보라. '왜 이 신념이 진리인지?' '내가 가치 있는 존재가 되고 삶을 즐기기 위해서 반드시 내가 뭔가에서 성공해야만 한다는 근거가 어디 있는가?' '내가 중요한 일에서 실패했다고 해서 내가 한 인간으로서 전적으로 수용되지 못할 이유가 뭔가?'

비합리적 신념이 다시 슬금슬금 되살아나 당신을 괴롭히려 할 때마다 그 신념에 대한 논박을 강력하게 계속 유지시켜라. 비합리적 신념은 당신이 적극적으로 유지하려고 하지 않아도, 스스로 다시 활성화되어 당신의 의식을 차지해 버린다. 그래서 강력하고 적극적인 논박이 필요하다.

④ 여러분이 비이성적으로 두려워하는 것(예, 엘리베이터 타기, 사람 사귀기, 일자리 구하기, 창의적인 글쓰기)을 시도하는 모험을 게을리하지 마라. 일단 여러분의 비이성적인 두려움을 조금이라도 극복했다면, 그런 행동을 계속해서 규칙적으로 해라. 여러분이 비현실적으로 두려워하는 것을 하도록 자신을 채찍질하는 것이 당장에는 고통스럽더라도, 그런 행동을 하는 것을 결코 피해서는 안 된다. 그렇지 않으면 여러분은 더한 고통을 영원히 경험하게 될 것이다. 비합리적인 두려움을 없애고 불안에서 벗어나 앞으로 편안해지기 위해서는, 그 정도의 고통에는 익숙해지도록 여러분 스스로를 단련시켜야 한다.

⑤ 간절히 원했던 것을 얻지 못했을 때 느끼는 건강한 부정적인 감정(예, 슬픔, 후회, 좌절)과 건강하지 못한 부정적인 감정(예, 우울, 불안, 자기증오, 자기연민)을 분명히 구별하도록 노력하라.

여러분이 과도하게 걱정(극단적인 불안감을 경험)하거나 과도하게 비참해(우울해)할 때마다 통계적으로는 정상적일지 몰라도 심리적으로는 건강하지 못한 감정에 휩싸이게 되고, 여러분은 주로 독단적인 당위적이고 강제적인 믿음(should, ought, must)에 도취되게 된다. 여러분의 건강하지 못한(혹은 강제적이고 요구적인) 감정을 적절한(혹은 선호적인) 감정으로 바꿀 수 있다는 것을 명심하라. 우울한 감정을 느낄 경우에는 이 감정을 유감스럽고 후회스러운 감정으로 바꾸어라. 불안을 느낄 경우는 걱정되고 염려하는 감정으로 바꾸어라. 합리적인 정서 심상 형성 기법을 활용해서 일어날 불쾌한 촉발 사건을 생생하게 상상해 본다. 그 사건을 상상할 때 떠오르는 건강하지 못한 감정(우울, 불안, 격노, 자기비하감)을 느끼도록 여러분을 내버려 둔다. 일어날 수 있는 최악의 상황을 계속 상상하면서, 이전 감정을 건강한 감정(걱정, 슬픔, 괴로움, 후회)으로 바꾸도록 작업한다. 감정의 변화가 실제로 일어날 때까지 작업을 멈추어서는 안 된다.

⑥ 자기패배적인 우유부단함을 피하라. 불쾌한 일은 오늘이라도 빨리 해치워라. 여러분이 계속 우유부단한 태도를 취하고 있으면, 여러분이 회피했던 과제를 수행한 후에 여러분이 좋아하는 것(예, 음식, 휴가, 독서, 사교)을 자신에게 보상해 주어라. 이것이 효과가 없으면, 미루는 모습을 보일 때마다 자신에게 벌(예, 두 시간 동안 재미없는 사람과 대화하기, 동생에게 10만 원 주기)을 주어라.

⑦ 지금 우리가 하고 있는 작업이 여러가지 역경 속에서 우리의 정서적 건강을 유지시켜 줄 수 있기에 그만큼 도전하고 모험을 무릅쓸 만한 일임을 잊지 말아야 한다. 비극을 스스로 만드는 일을 뿌리 뽑는 것이야말로 여러분 인생에서 해야 하는 가장 중요한 일 중 하나일 것이다. 그리고 이는 단호하게 결심한 후 꾸준하고 지속적으로 해야 한다. 여러분은 생각하고, 느끼고,

행동하는 데 있어서 거의 항상 선택권이 있음을 충분히 인식하는 것이 필요하다. 그래야 여러분 자신을 위한 선택에 적극적으로 매진할 수 있을 것이다.

8 『심리치료에서의 이성과 정서(*Reason and Emotion in Psychotherapy*)』(1962)에서 처음 소개된 REBT의 세 가지 주요 통찰을 염두에 두고 필요할 때마다 활용하라.

- 통찰 1: 여러분이 불쾌한 생활 사건을 경험했을 때 겪는 대부분의 고통은 여러분이 선택한 것이다. 외부 사건과 사회 학습은 여러분의 고통에 기여는 할 수 있지만 여러분의 고통을 직접 일으키지는 않는다. 여러분은 생각하는 대로 느낀다. 피해를 입고 좌절되었을 때(촉발 사건 혹은 역경의 발생), 여러분은 슬프고 후회하는 감정을 느끼게 하는 합리적 신념을 의식적이든 무의식적이든 선택한다. 마찬가지로 여러분은 불안, 우울, 자기증오를 느끼게 하는 비합리적 신념 또한 선택한다.
- 통찰 2: 여러분이 비합리적 신념과 자기학대적인 습관을 언제 어떻게 획득했든 간에, 여러분은 지금 현재 그것들을 유지하겠다고 선택하고 있다. 여러분이 지금 고통스러워하는 이유도 바로 여기 있다. 여러분의 과거력과 현재 삶의 조건이 여러분에게 상당한 영향을 미치고 있다. 하지만 그런 점이 여러분을 고통에 빠트리는 것은 아니다. 여러분이 현재 갖고 있는 철학이 여러분의 현재 고통을 일으키는 주된 요인이다.

• 통찰 3: 여러분의 현재 성격과 불필요하게 자신을 괴롭히는 강한 성향을 마술적으로 간단히 변화시킬 수 있는 방법은 어디에도 없다. 핵심 성격의 변화는 지속적인 작업과 연습을 요구한다. 그렇다. 여러분의 비합리적 신념, 건강하지 못한 감정, 그리고 자기 파괴적인 행동을 변화시킬 수 있는 것은 꾸준한 작업과 연습이다.

⑨ 안정적이고 지속적으로 삶을 향유할 수 있게 해 주는 즐거운 소일거리(예, 독서, 오락, 스포츠, 취미, 예술, 과학, 기타 몰입할 수 있는 관심거리)를 찾아라. 정서적 건강뿐만 아니라 실제로 즐거운 일을 주요한 삶의 목표로 만들어라. 장기적인 목표나 관심사에 진정으로 몰입할 수 있도록 노력하라. 진정으로 행복한 삶은 여러분에게 삶의 목표를 가르쳐 주고, 많은 심각한 고통을 잊게 해 주며, 여러분의 정신적 건강을 지키고 향상시킬 수 있게 해 줄 것이다.

⑩ REBT를 알고 있고 여러분을 도와줄 수 있는 사람들과 접촉하려고 노력하라. 그 사람들에게 여러분의 대처와 관련된 어려움을 알리고 그런 어려움을 극복하기 위해서 여러분이 REBT를 어떻게 활용하고 있는지도 알려 주어라. 그들이 여러분의 해결책에 대해 동의하는지, 그리고 비합리적 신념을 논박하기 위해서 여러분이 취했던 방법 외에 부가적으로 더 좋은 방법을 그들이 알고 있는지 알아보아라.

⑪ 기꺼이 당신의 도움을 받아들이고자 하는 친구, 친척, 기타 아는 사람에게 REBT를 소개하라. 당신이 다른 사람과 함께 REBT를 활용하여 그들의 비합리적 신념을 찾고, 그들이 그것에서 벗어나도록 도울 때, 여러분 자신이 REBT의 주요 원리를 더 잘 이해하고 소화할 수 있는 것이다. 다른 사람이 비합리적이고 고통을 일으키는 방향으로 생각하고 행동하는 것을 볼 때, 그것에 대해서 다른 사람에게 알려 줄 수도 있지만 그러지 않을 수도 있을 것이다. 그런 경우라도 그들의 주요 비합리적 신념이 무엇이고 이것을 어떻게 효과적이고 적극적으로 논박할지를 머릿속으로 그려 보려고 노력하라.

⑫ REBT 개인치료나 집단치료를 받을 때, 치료 회기를 녹음해서 쉴 때 주의 깊게 들어 보아라. 치료시간에 배웠던 주요 개념을 새롭게 이해할 수 있을 것이다. 치료가 끝나고 나서 녹음한 것을 들어 볼 수도 있다. 그러면 여러분의 과거 문제나 새롭게 일어날 수 있는 문제를 다룰 방법을 필요할 때 상기할 수 있을 것이다.

4 재발 시 대처 방법

① 나빠진 것을 정상적인 현상으로 받아들여라. 초기에는 정서적으로 호전되었다가 다시 나빠지는 일이 거의 모든 사람에게서

일어난다. 이는 실수할 수 있는 인간적인 모습의 한 면이다. 여러분의 과거 증상이 다시 재발했다고 자신을 부끄럽게 여겨서는 안 된다. 여러분 자신을 완벽하게 다룰 수 있어야 한다고 생각하지 마라. 추가적인 치료 회기를 갖는다고 해서 그것이 잘못되었거나 여러분이 약하다고 생각해서도 안 된다.

2 나빠지면 여러분의 자기패배적인 행동만을 나쁜 것으로 보고 문제시하라. 결코 그런 행동을 한 여러분 자신을 비하하지 마라. 이는 REBT의 가장 중요한 원칙 중 하나다. 절대 여러분 자신, 자기, 존재 자체를 평가해서는 안 된다. 여러분의 활동, 행동, 특질을 평가해야 한다. 여러분은 언제나 잘할 수도 못할 수도 있는 사람이다. 좋은 사람도 나쁜 사람도 아니다. 아무리 다시 나빠지더라도 그리고 아무리 과거처럼 괴롭더라도, 약하고 불행한 행동을 보인 여러분 자신을 충분히 수용해야 한다. 그리고 여러분의 그런 행동을 바꾸려고 꾸준히 노력하라.

3 REBT의 ABC이론을 다시 떠올려 보라. 여러분의 과거 증상을 다시 일으킨 것이 무엇인지 분명히 밝혀라. 여러분은 실패나 거절을 다시 경험했을 수 있다(A: 촉발 사건 혹은 역경). 실패를 좋아하지 않고 거절당하기를 원하지 않는다고 여러분 자신에게 속삭였을 수도 있다(RB: 합리적 신념). 이런 합리적 신념을 계속 유지했다면 여러분은 단순한 유감, 후회, 실망, 좌절 같은 감정을 경험했을 것이다. 그러나 더 심한 고통을 느꼈다면 여

러분은 아마 '나는 실패해선 절대 안 돼. 실패는 정말 끔찍한 일이야!' '나는 거부당해서는 절대 안 돼. 그것은 내가 가치 없고 사랑스럽지 않은 사람이라는 의미야!' 등의 비합리적 신념(IB)에 휩싸여 있을 것이다. 이런 비합리적 신념에 휩싸이면 여러분은 우울감과 자기 비하감을 다시 느끼게 될 것이다(C: 정서적 결과).

④ 또다시 여러분을 괴롭히는 비합리적 신념과 맞닥뜨리게 되면, 처음 배웠던 대로 즉각적이고도 지속적인 논박을 통해 비합리적 신념에 도전하고 그것을 굴복시켜라. 여러분 자신에게 물어보아라. '내가 왜 실패하면 절대 안 되나? 실패하면 그게 그렇게 끔찍한 일인가?' 그러면 여러분은 다음과 같이 대답할 수 있다. '내가 실패하면 절대 안 된다는 이유는 어디에도 없다. 물론 실패가 바람직하지 못한 이유는 몇 가지 댈 수 있을 것이다. 내가 실패한다고 해서 그게 그렇게 끔찍스러울 것까지는 없다. 단지 좀 불쾌하고 불편할 뿐이다.'

다른 비합리적 신념에는 다음과 같이 자신에게 물어볼 수 있다. '내가 거부당해선 절대 안 된다고 어디 적혀 있나? 내가 거부당한다고 해서 내가 사랑스럽지 않고 가치 없는 사람이 되는가?' 그리고 여러분은 다음과 같이 대답할 수 있다. '내가 반드시 받아들여져야만 한다는 법이 어디 있는가? 하지만 나는 내가 받아들여지기를 간절하게 바란다. 내가 거부당했다 해도 이런 특정한 상황에서 특정한 그 사람에게 일회적으로 거부당한 것일 뿐이다. 이번 일로 해서 내가 좋아하는 모든 사람에게 항상 거부당하는 사랑스럽지 않고 무가치한 사람이 되는 것은 결코 아니다.'

⑤ 일단 다시 활성화되어 지금 여러분을 불안하거나 우울하게 만드는 비합리적 신념을 찾아서 적극적이고 단호하게 논박해야 한다. 이런 노력은 지적이고 정서적인 근육(반복된 운동을 통해서 신체의 근육을 만들어 가는 것처럼)이 만들어질 때까지 반복해서 해야 한다.

⑥ 여러분이 단지 말을 바꾼다고 해서 생각도 그에 따라 항상 바뀔 수 있다고 믿는 어리석음을 범하지 않기를 바란다. 여러분이 '나는 반드시 성공하고 인정을 받아야 한다.' 는 자기말을 '나는 성공하고 인정받고 싶다.' 로 강박적으로 바꾸더라도, 여러분은 실제로는 '하지만 나는 사랑받으려면 잘해야만 한다.' 고 여전히 믿을 수 있다. 여러분이 여러분의 합리적 대답을 진정으로 확신하고 고통이 정말 사라질 때까지는 논박을 중단해서는 안 되고 여러분의 대답에 만족해서도 안 된다. 여러분의 새로운 E(효율적인 철학, Effective Philosophy)가 공고화되고 습관으로 자리 잡을 때까지 여러분은 계속해서 같은 노력을 해야 한다.

7 새로운 효율적인 철학이나 합리적 신념을 가볍게 혹은 '지적으로' 믿는 것은 큰 도움이 안 되고 그 효과도 오래 지속되지 않는다. 굳게 적극적으로 믿어야 한다. 그것도 여러 번 확신을 해야 한다. 그래야 여러분은 그것을 느낄 수 있을 정도로 강력하게 확신할 수 있다. '내가 원한다고 해서 그것이 반드시 필요한 것은 아니다.' '내가 아무리 성공하고 싶더라도, 내가 반드시 성공해야만 하는 것은 아니다.' '내가 좋아하는 사람이 나를 거절하더라도 나는 참을 수 있다. 그렇다고 죽기까지야 하겠는가! 그래도 나는 여전히 행복하게 살 수 있다.' '어떤 사람도 요구할 수 없고 무가치하지는 않다. 나 또한 거기서 예외는 아니다.'

4 하나의 정서 문제에서 다른 문제에 대한 작업으로 일반화하는 방법

1 여러분의 현재 정서 문제와 그것이 나타나는 방식이 독특할 것이 없으며 정서적 및 행동적 어려움은 대개 비합리적 신념에 의해 초래된다는 것을 여러분 자신에게 잘 숙지시켜라. 여러분의 비합리적 신념이 뭐든 간에 여러분은 그런 신념을 강하고 지속적으로 논박하고 그에 반해서 행동함으로써 극복할 수 있다.

2 여러분은 대개 세 종류의 주요 비합리적 신념을 가지고 있으

며, 이에 대해 잘 인식하고 있어야 한다. 이런 신념이 여러분을 고통스럽게 하고 정서적 및 행동적 문제를 초래한다. 비합리적 신념은 대개 이들 범주 중에서 하나, 둘 혹은 세 범주 모두에 해당되기도 한다.

- '나는 반드시 잘해야만 하고 내게 중요한 사람들에게서 반드시 인정을 받아야만 한다.'
  - 이런 비합리적 신념은 여러분을 불안하고 우울하게 만들고 자기증오에 빠지게도 한다. 그리고 실패할 수 있는 일을 피하게 하고 잘될 것 같지 않은 관계도 피하게 만든다.
- '다른 사람은 나를 반드시 공정하고 친절하게 대해야만 한다.'
  - 이런 비합리적 신념은 분노를 쉽게 느끼게 하고 때로는 폭력적이고 과하게 적대적인 모습을 보이게 만든다.
- '내 삶의 조건은 반드시 편안해야만 하고 큰 어려움이 없어야만 한다.'
  - 이런 비합리적 신념은 좌절을 잘 견디지 못하게 하고 자기연민에 빠지게 한다. 그리고 때로는 분노와 우울도 느끼게 만든다.

③ 여러분이 이런 세 가지 절대적인 당위적 요구(musts)—무수한 변형이 있을 수 있는데—중에 하나라도 가지고 있다면, 여러분은 일반적으로 이런 신념에서 자연스럽게 다음과 같은 비합리적인 결론에 이르게 된다.

- '내가 마땅히 해야 하는 만큼 잘하지 못하면, 나는 무능하고 가치 없는 인간이다.' (자기비하, Self-downing).
- '나는 내게 중요한 사람들에게서 반드시 충분히 인정을 받아야만 한다. 그렇지 못하면 이는 정말 끔찍하고 두려운 일이다.' (파국화, Awfulizing).
- '다른 사람은 나를 마땅히 공정하고 친절하게 대해 주어야만 한다. 만약 그렇지 못할 경우 그런 사람은 정말 몹쓸 인간이고 비난받아 마땅하다.' (비난, Damnation)
- '내 삶은 반드시 편안해야만 하고 큰 어려움이 없어야만 한다. 그렇지 못한 상황을 나는 절대 견디지 못할 것이고, 그런 상황에서는 살아 있는 것이 끔찍한 일일 것이다.' (낮은 인내력, Can' t-stand-it-itis).
- '나는 실패하지도 거부당하지도 말아야만 한다. 그런데 나는 실패도 했고 거부도 당했다. 나는 앞으로도 늘 실패할 것이고 아무도 날 결코 수용해 주지 않을 것이다. 내 인생은 희망이 없고 영원한 고통뿐이다.' (과잉일반화, Overgeneralizing).

④ 이런 비합리적 신념은 여러분 사고와 감정의 전반적인 레퍼토리로 자리 잡아 많은 다양한 상황에 이를 적용하기 쉬운데, 그러지 않기 위해서는 여러분은 이에 대해 잘 인식하고 있어야 한다. 심각한 고통을 겪고 자기 패배적으로 행동하는 대부분의 경우, 여러분은 의식적으로든 무의식적으로든 이런 비합리적

신념 중 몇 개를 활성화시켜 적용시키고 있다. 여러분이 한 상황에서는 비합리적 신념을 감소시켰지만 그 밖의 다른 곳에서 여전히 정서적으로 괴로우면, 비합리적 신념을 찾기 위해서 동일한 REBT 원리를 새로운 상황에 적용해야 하고 거기서 비합리적 신념을 최소화시켜야 한다.

5 여러분이 당연시해 왔던 당위적이고 강제적인 요구(shoulds, oughts, musts)를 포기하고 그것을 유연하고 경직되지 않은(그러면서도 여전히 강한) 바람(desires)과 선호(preferences)로 일관되게 대체시키면, 여러분은 심리적 고통에서 벗어날 수 있음을 반복해서 숙지해야 한다.

6 비합리적 신념을 바꾸기 위해서는 현실적이고 건강한 사고를 엄격하게(경직되지 않으면서!) 사용해야 함을 계속해서 숙지해야 한다. 여러분의 비합리적 신념은 가정이나 가설이지 사실이 아님을 잘 알아야 한다. 여러분은 다음과 같은 다양한 방법으로 논리적, 현실적 및 실용적으로 비합리적 신념을 논박할 수 있다.

- 여러분의 비합리적 신념이 자기 패배적이며 여러분의 목표성취와 행복을 방해하고 있음을 잘 알아야 한다. '나는 중요한 일에서 반드시 성공해야 하고 내 인생의 중요한 사람들에게서 반드시 인정을 받아야만 한다.' 고 여러분 스스로 굳게 믿고 있다고 치자. 하지만 여러분은 때로 실패하고 때로 인정

을 받지 못하기도 한다. 그렇게 되면 여러분은 유감스러운 기분과 좌절감을 경험하는 데 그치지 않고 필연적으로 불안하고 우울해지게 된다.

- 여러분의 비합리적 신념은 현실의 동의를 받지 않은 것이다. 특히 언제나 실수할 수 있다는 인간적인 진실을 인정하지 않고 있다. 여러분이 항상 성공해야만 했고, 하나님도 당신이 성공해야만 한다고 명령했다면, 여러분은 분명 항상 성공해 왔을 것이다. 하지만 여러분은 물론 그렇지 못했다. 여러분이 항상 다른 사람의 인정을 받아야만 했다면, 여러분이 인정받지 못한 적은 결코 없었을 것이다. 하지만 분명한 것은 여러분은 인정을 종종 받지 못해 왔다는 사실이다. 세상은 여러분이 원한다고 해서 그것을 항상 얻도록 돌아가지 않는다. 여러분이 바람을 가지는 것은 분명히 현실적이다. 하지만 신처럼 명령을 내리는 것은 분명 비현실적이다.
- 여러분의 비합리적 신념은 비논리적이고 일관되지 않으며, 모순적이기도 하다. 여러분이 아무리 성공하고 인정받기를 원하더라도, 여러분이 반드시 그렇게 되어야만 하는 것은 아니다. 정의나 공손함이 아무리 바람직한 모습이라 하더라도, 반드시 그렇게 세상이 돌아가야 하는 것은 결코 아니다.

REBT의 논박이 절대적으로 옳은 것은 아니지만, 여러분의 신념 중 어떤 것이 비합리적이고 자기패배적인지를 찾고 현실적이면서 실용적이고 논리적으로 사고함으로써 비합리적 신념을 최소화할 수 있도록 여러분을 효과적으로 도와준다. 여러분이 유연한 사고를 하면 여러분 자신과 타인, 그리고 세상에 대한 여러분 나름의 가정을 세우지만 언제든지 그 가정을 바꿀 수 있는 독단적이지 않은 개방성을 유지할 수 있다.

⑦ 인생에서 중요한 목표를 세우기 위해 노력하라. 그 목표는 여러분이 정말 성취하고 싶어 하는 것이기는 하지만 그렇다고 반드시 성취해야 한다고 자신에게 강요할 수는 없다. 목표를 이루려고 노력하는 여러분의 모습을 수시로 살펴보면서 때로는 목표를 수정할 수도 있다. 여러분은 항상 그 목표를 의식하고 있어야 하고 목표는 여러분이나 타인에게 해가 되는 것이어서는 안 된다. 목표는 개인적인 관심이나 사회적인 관심 중 어느 한쪽으로 극단적으로 치우쳐서는 곤란하고, 이 둘 간에 적절한 균형을 유지하는 것이 여러분 개인이나 여러분이 선택해서 살고 있는 공동체를 위해서 최선일 것이다.

⑧ 여러분의 삶이 점점 침체되어 비극적이거나 활력을 잃어 가기 시작하면, 지금까지 소개된 이 글의 요지를 다시 되짚어 보고 적용해 보는 것이 필요하다. 그래도 여러분의 삶이 원하는 만큼 회복되지 않고 계속 나빠진다면 추가적인 치료 회기를 갖는데 주저해서는 안 된다.

참고문헌

*Abrams, M., & Ellis, A. (11994). Rational emotive behavior therapy in the treatment of stress. *British Journal of Guidance and Counseling, 22*, 39-50.

**Adler, A. (1927). *Understanding Human nature* Garden City, NY: Greenberg.

****Adler, A. (1929). *The science of living.* New York: Greenberg.**

**Adler, A. (1958). *What life should mean to you.* New York: Capricorn.

*Adler, A. (1964a). *Social interest: A challenge to mankind.* New York: Capricorn.

*Adler, A. (1964b). *Superiority and social interest.* Ed. by H. L. Ansbacker & R. R. Ansbacker. Evanston, IL: Northwestern University Press.

****Alberti, R. E., & Emmons, M. L. (2001) *Your perfect right,* 8th rev. ed. Atascadero, CA: Impact Publisher, Inc.**

*Ansbacher, H. L., & Ansbacher, R. (1956). *The individual psychology of Alfred Adler.* New York: Basic Books.

*Assaglioli, R. A. (1956). *Psychosynthesis.* New York: Hobbs-Dorman.

■ 진하게 표시한 문헌은 본문에 소개된 것이다. * 표시를 한 문헌은 합리적 정서행동치료(REBT)와 인지행동치료(CBT)를 더 깊게 알고자 하시는 분을 위한 추천서며, ** 표시를 한 문헌은 자기치유에 도움이 되는 도서와 자료다.

*Baisden, H. E. (1980). *Irrational beliefs: A construct validation study.* Unpublished doctoral dissertation. University of Minnesota, Minneapolis.

**Baldon, A., & Ellis, A. (1993). *RET problem solving workbook.* New York: Institute for Rational-Emotive Therapy.

*Bandura, A. (1986). *Social foundationa of thought and action: A socila cognitive theory.* Englewood Cliffs, NJ: Prentice-Hall.

Bandura, A. (1997). *Self-efficacy: the exercise of control.* New York: Freeman.

*Barlow, D. H. (1989). *Anxiety and its disorders: The nature and treatment of anxiety and panic.* New York: Guilford.

**Barlow, D. H., & Craske, M. G. (1989). *Mastery of tour anxiety and panic.* Albany, NY: Center for Stress and Anxiety Disorders.

Bartley, W. W., III. (1984). *The retreat to commitment,* rev. ed. Peru, IL: Open Court.

*Bardm, J. (1980). *Rational-emotive therapy in practice.* Champaign, IL: Research Press.

***Beck, A. T. (1976). *Cognitive therapy and the emotional disorders.* New York: International Universities Press.**

**Beck, A. T. (1988). *Love is not enough.* New York: Harper & Row.

*Beck, A. T. (1991). Cognitive therapy: A 30-year retrospective. *American psychologist, 46*, 382-389.

***Beck, A. T., & Emery, G. (1985). *Anxiety disorders and phobias.* New York: Basic Books.**

*Beck, A. T., Freeman, A., & Associates. (1990). *Cognitive therapy of personality disorders.* New York: Guilford.

*Beck, A. T., Rush, A. J., Shaw, B. F., & Emery, G. (1979). *Cognitive therapy of depression.* New York: Guilford.

***Beck, J. S. (1995). *Cognitive therapy and beyond.* New York: Guilford.**

Beckfield, D. (2004). *Master your panic and take back your life! 4th rev. ed.* Atascadero, CA: Impact Publishers, Inc.

**Benson, H. (1975). *The relaxation response*. New York: Morrow.

*Berkowitz, L. (1990). On the formation and regulation of anger and aggression. *American Psychologist*. 45, 494-503.

***Bernard, M. E., ed. (1991). *Using rational-emotive therapy effectively: A practitioner's guide*. New York: Plenum.**

**Bernard, M. E. (1993). *Staying rational in an irrational world*. New York: Carol Publishing.

*Bernard, M. E., & DiGiuseppe, R. ed. (1989). *Inside RET: A critical appraisal of the theory and therapy of Albert Ellis*. San Diego, CA: Academic Press.

*Bernard, M. E., & Joyce, M. R. (1995). *Rational-emotive therapy with children and adolescents*, 2nd ed. New York: Wiley.

***Bernard, M. E., & Wolfe, J. L., eds. (1993). *The RET resource book for practitioners*. New York: Institute for Rational-Emotive Therapy.**

*Bernheim, H. (1947). *Suggestive therapeutics*. New York: London Book Company. (Original publication, 1986).

*Beutler, L E., Engle, D., Mohr, D., Daldrup, R. J., Meredith, K., & Merry, W. (1991). Predictors of differential response to cognitive, experiential and self-directed therapeutic procedures. *Journal of Consulting and Clinical Psychology*, 59, 333-340.

*Blatt, S. J., & Felsen, I. (1993). Different kinds of folks may need different kinds of strokes. *Psychotherapy Research*, 3, 245-259.

*Blau, S. F. (1993). Cognitive darwinism: rational-emotive therapy and the theory of neuronal group selection. *ETC: A Review of General Semantics*, *50*, 403-441.

**Bloomfield, H. H., & McWilliams, P. (1994). *How to heal depression*. Los Angeles: Prelude Press.

*Bricault, L. (1992). "Cherchex le 'should!' Cherchez le 'must!' Une entrevue avec Albert Ellis, l'initiateur de la méthode émotivo-rationelle." *Confrontation,* 14, 3-12.

**Broder, M. S. (1990). *The art of living.* New York: Avon.

**Broder, M. S. (1994). *The art of staying together.* New York: Avon.

*Brown, G., & Beck, A. T. (1989). The role of imperatives in psychopathology: A reply to Ellis. *Cognitive Therapy and Research,* 13, 315-321.

*Budman, S. H., & Gurman, A. S. (1988). *Theory and practice of brief therapy.* New York: Guilford.

*Budman, S. H., Hoyt, M. F., & Friedman, S., eds. (1992). *The first session in brief therapy.* New York: Guilford.

**Burns, D. D. (1980). *Feeling good: The new mood therapy.* New York: Morrow.

**Burns, D. (1984). *Intimate connections.* New York: Morrow.

**Burns, D. D. (1989). *Feeling good handbook.* New York: Morrow.

**Burns, D. D. (1993). *Ten days to self-esteem.* New York: Morrow.

*Cede, B., & O'Hanlon, W. H. (1993). *A brief guide to brief therapy.* New York: Norton.

*Carlson, C. R., & Hoyle, R. H. (1993). Efficacy of abbreviated progressive muscle relaxation training: A quantitative review of behavioral medicine research. *Journal of Consulting and Clinical Psychology,* 61, 1059-1067.

Ciarrochi, J., & Robb, H. (in press). Letting a little non verbal air into the room. Insights for acceptance and commitment therapy, Part 1: Philosophical and Theoretical Underpinning. *Journal of Rational-Emotive and Cognitive Behavior Therapy.*

Ciarrochi, J., & Robb, H., & Godsell. (in press). Letting a little non verbal air into the room, Part 2. Applications. *Journal of Rational-*

Emotive and Cognitive Behavior Therapy.

*Clark, D. A. (1997). Twenty years of cognitive assessment: current status and future directions. *Journal of Consulting and Clinical Psychology*, 65, 996-1000.

*Cloitre, M. (1993, Winter). An interview with Martin Seligman. *Behavior Therapist,* pp. 261-263.

*Cocker, K. I., Bell, D. R., & Kidman, A. D. Cognitive behavior therapy with advanced breast cancer. *Psycho-oncology, 3,* 233-237.

*Cohen, E. D. (1992). Syllogizing RET: Applying formal logic in rational-emotive therapy. *Journal of Rational-Emotive and Cognitive Behavior Therapy, 10,* 235-252.

*Corey, G. (1994). *Theory and practice of counseling and psychotherapy*, 5th ed. Pacific Grove, CA: Brooks/Cole.

*Corsini, R. J. (1979). The betting technique. *Individual Psychology, 16*, 5-11.

*Corsini, R. J., & Wedding, D. (1995). *Current psychotherapies.* Itasca, IL: Peacock.

*Coté, G., Gautier, J. G., Laberge, B., Cormier, H. J., & Plamondon, J. (1994). Reduced therapist contact in the cognitive behavior al treatment of panic disorder. *Behavior Therapy*, 25, 123-145.

**Coué, E. (1923). *My method.* New York: Doubleday, Page.

*Cramer, D., & Ellis, A. (1988). Irrational beliefs and strength in appropriateness of feelings: A debate. In W. Dryden & P. Trower, eds. *Developments in rational-emotive therapy* (pp. 56-64). Philadelphia: Open University.

*Crawford, T. (1988). *The five coordinates for a good relationship and better communication.* Santa Barbara, CA: Author.

*Crawford, T. (1993). *Changing a frog into a prince or a princess.* Santa Barbara, CA: Author.

*Crawford, T., & Ellis, A. (1982, October). Communication and rational-emotive therapy. Workshop presented in Los Angeles.

*Crawford, T., & Ellis, A. (1989). A dictionary of rational-emotive feelings and behaviors. *Journal of Rational-Emotive and Cognitive Behavior Therapy, 7(1),* 3-27. Developments in rational-emotive therapy (pp. 56-64). Philadelphia: Open University.

**Csikszentmihalyi, M. (1990). *Flow: The psychology of optimal experience.* San Francisco: Harper Perennial.

*Cummings, N. (1994, February) Comments on programmed material and psychotherapy. *Assembly of the 21st Century.* American Psychological Association, Washington, DC.

*Cuon, D. W. (1994). Cognitive-behavioral interventions with avoidant personality: A single case study. *Journal of Cognitive Psychotherapy, 8,* 243-257.

*Curry, S. J. (1993). Self-help interventions for smoking cessation. *Journal of Consulting and Clinical Psychology, 61,* 790-803.

**Danish, J. (1974). *Stop without quitting.* San Francisco: International Society for General Semantics.

**DeBono, E. (1991). *I am right. You are wrong: From rock logic to water logic.* New York: Viking.

*Dengelegi, L. (1990, April 25). Don't judge yourself. New York Times, p. C3.

Derrida, J. (1976). Of grammatology. Baltimore, MD: Johns Hopkins University.

***deScazer, S. (1985). *Keys to solution in brief therapy*. New York: Norton.**

*deScazer, S. (1990). Brief therapy. In J. K. Zeig & W. M. Munion, eds. *What is psychotherapy?* (pp. 278-282). San Francisco: Jossey-Bass.

*DiGiuseppe, R. (1986). The implication of the philosophy of science for rational-emotive theory and therapy. *Psychotherapy*, 23, 634-639.

**DiGiuseppe, R., speaker. (1990). *What do I do with my anger: Hold it in or let it out?* Cassette recording. New York: Institute for Rational-Emotive Therapy.

*DiGiuseppe, R. (1991a). Comprehensive cognitive disputing in RET. In M. E. Bernard, ed., *Using rational-emotive therapy effectively*, pp. 173-196. New York: Plenum.

**DiGiuseppe, R., speaker. (1991b). *Maximizing the moment: How to have more fun and happiness in life.* Cassette recording. New York: Institute for Rational-Emotive Therapy.

*DiGiuseppe, R., Leaf, R., & Linscott, J. (1993). The therapeutic relationship in rational-emotive therapy: A preliminary analysis. *Journal of Rational-Emotive and Cognitive Behavior Therapy, 11,* 223-233.

*DiGiuseppe, R. A., Miller, N. J., & Trexler, L. D. (1979). A review of rational-emotive psychotherapy outcome studies. In A. Ellis & J. M. Whiteley, eds, *Theoretical and emirical foundations of rational-emotive therapy* (pp. 218-235). Monterev, CA: Brooks/Cole.

*DiGiuseppe, R., Tafrate, R., & Eckhardt, C. (1994). Critical issues in the treatment of anger. *Cognitive and Behavioral Practice, 1,* 111-132.

*DiMattia, D., & Lega, L., eds. (1990). *Will the real Albert Ellis please stand up? Anecdots by his colleagues, students and friends celebrating his 75th birthday.* New York: Institute for Rational-Emotive Therapy.

**DiMattia, D. J. & others, speakers (1987). *Mind over myths: Handling difficult siuations in the workplace.* Cassette recording. New York: Institute for Rational-Emotive Therapy.

Dobson, K. S. (1989). A meta-analysis of the efficacy of cognitive therapy for depression. *Journal of Consulting and Clinical Psychology,

57, 414-419.

*Dougher, M. J. (1993). On the advantages and implications of a radical behavioral treatment of private events. *The Behavior Therapist, 16,* 204-206.

*Dougher, M. J. (1994). More on the differences between radical behavioral and rational emotive approaches to acceptance: A response to Robb. *Behavior Therapist.*

*Dryden, W. (1987). Language and meaning in rational-emotive therapy. In W. Dryden, ed. *Current issues in rational-emotive therapy.* London: Croom Helm.

*Dryden, W. (1990). *Dealing with anger problems: Rational-Emotive therapeutic interventions.* Sarasota, FL: Professional Resource Exchange.

***Dryden, W. (1994a). *Progress in rational emotive behavior therapy* Kondon: Whurr.**

*Dryden, W. (1994b). *Invitation to rational-emotive psychology.* London: Whurr.

**Dryden, W. (1994c). *Overcoming guilt!* London: Sheldon.

*Dryden, W., Backx, W., & Ellis, A. (1987). Problems in living: The Friday Night Workshop. In W. Dryden, *Current issues in rational-emotive therapy.* (pp. 154-170). London and New York: Croom Helm.

*Dryden, W., & DiGiuseppe, R. (1990). *A primer on rational-emotive therapy.* Champaign, IL: Research Press.

*Dryden, W., & Ellis, A. (1989). Albert Ellis: An efficient and passionate life. *Journal of Counseling and Development, 67,* 539-546. Reprinted: New York: Institute for Rational-Emotive Therapy.

**Dryden, W., & Gordon, J. (1991). *Think your way to happiness.* London: Sheldon Press.

**Dryden, W., & Gordon, J. (1993). *Peak performance. Oxfordshire,* England: Mercury.

*Dryden, W. & Hill, L. K. eds. (1993). *Innovations in rational-emotive therapy.* Newbury Park, CA: Sage.

*Dryden, W., & Neenan, M.. (1995). *Dictionary of rational emotive behavior therapy.* London: Whurr Publishers.

*Dryden, W. & Yankura, J. (1992). *Daring to be myself A case study in rational-emotive therapy.* Buckingham, England and Philadelphia, USA: Open University Press.

*Dryden, W., & Yankura, J. (1994). *Albert Ellis* London: Sage.

***Dubois, P. (1907). The psychic treatment of nervous disorders. New York: Funk & Wagnalls.**

*Dunlap, K. (1932). *Habits: Their making and unmaking.* New York: Liveright.

**Dyer, W. (1977). *Your erroneous zones.* New York: Avon.

*D'Zurilla, J. (1986). *Problem-solving therapy.* New York: Springer.

*Elkin, I. (1994). The NIMH treatment of depression collaborative research program: Where we began and where we are. In A. E. Bergin and S. L. Garfield, eds. *Handbook of psychotherapy and behavior change.* (pp. 114-139). New York: Wiley.

*Elkin, I., Shea, M. T., Watkins, J. T., Imber, S. D., Glass, D. R., Pilkonis, P. A., Leber, W. R., Doherty, W. R., Fiester, S. J., & Parloff, M. B. (1989). National Institute of Mental Health Treatment of Depression Collaborative Research Program: General effectiveness of treatments. *Archives of General Psychiatry.* 46, 971-982.

*Elliott, J. E. (1993). Using releasing statements to challenge shoulds. *Journal of Cognitive Psychotherapy, 7,* 291-295.

****Ellis, A. (1957a). *How to live with a neurotic: At home and at work* New York: Crown, rev. ed., Hollywood, CA: Wilshire Books, 1975.**

**Ellis, A. (1957b). Outcome of employing three techniques of psychotherapy. *Journal of Clinical Psychology,* 13, 344-350.

*Ellis, A. (1958). Rational psychotherapy. *Journal of General Psychology,* 59, 35-49. Reprinted: New York: Institute for Rational-Emotive Therapy.

*Ellis, A. (1959). Requisite conditions for basic personality change. *Journal of Consulting Psychology, 23,* 538-540.

**Ellis, A. (1960). *The Art and Science of Love.* New York: Lyle Stuart and Bantam.

**Ellis, A. (1962). *Reason and emotion in psychotherapy.* Secaucus, NJ: Citadel. Rev. ed., Secaucus, NJ: Carol Publishing Group, 1994.

*Ellis, A. (1965a). *The treatment of borderline and psychotic individuals.* New York: Institute for Rational-Emotive Therapy. Rev. ed., 1989.

*Ellis, A. (1965b). Workshop in rational-emotive therapy. Institute for Rational-Emotive Therapy, New York City, September 8.

*Ellis, A. (1967). Golds of psychotherapy. In A. H. Mahrer, ed. *The goals of psychotherapy* (pp. 206-220). New York: Macmillan.

*Ellis, A. (1968). Is psychoanalysis harmful? *Psychiatric Opinion,* 5, 16-25. Reprinted: New York: Institute for Rational-Emotive Therapy.

*Ellis, A. (1969). A weekend of rational encounter. Rational Living, 4(2), 1-8. Reprinted in A. Ellis & W. Dryden, *The practice of rational-emotive therapy* (pp. 180-191). New York: Springer, 1987.

*Ellis, A. (1971). *Growth through reason.* North Hollywood, CA: Wilshire Books.

*Ellis, A. (1972a). Helping people get better rather than merely feel better. *Rational Living,* 7(2), 2-9.

**Ellis, A. (1972b). *Executive leadership: The rational-emotive approach.* New York: Institute for Rational-Emotive Therapy.

*Ellis, A. (1972c). Emotional education in the classroom: The living school. *Journal of Clinical and Child Psychology, 1*(3), 19-22.

*Ellis, A. (1972d). *Psychotherapy and the value of a human being.* New York: Institute for Rational-Emotive Therapy. Reprinted in A. Ellis & W. Dryden, The Essential Alber Ellis. New York: Springer, 1990.

**Ellis, A. (1972e). *How to master your fear of flying.* New York: Institute for Rational-Emotive Therapy.

****Ellis, A., speaker. (1973a). *How to stubbornly refuse to be ashamed of anything.* Cassette recording. New York: Institute for Rational-Emotive Therapy.**

***Ellis, A. (1973b). *Humanistic psychotherapy: The rational-emotive approach.* New York: McGraw-Hill.**

**Ellis, A., speaker. (1973c). *Twenty-one ways stop worrying.* Cassette recording. New York: Institute for Rational-Emotive Therapy.

*Ellis, A. (1974a). Cognitive aspects of abreactive therapy. *Voices, 10*(1), 48-56. Reprinted: New York: Institute for Rational-Emotive Therapy. Rev. ed., 1992.

**Ellis, A., speaker. (1974b). *Rational living in an irrational world.* Cassette recording. New York: Institute for Rational-Emotive Therapy.

*Ellis, A. (1974c). *Techniques of disputing irrational beliefs (DIBS).* New York: Institute for Rational-Emotive Therapy.

**Ellis, A. (1975a). *How to live with a neurotic.* Rev. ed. North Hollywood, CA: Wilshire Books.

**Ellis, A., speaker. (1975b). *RET and assertiveness training.* Cassette recording. New York: Institute for Rational-Emotive Therapy.

Ellis, A. (1976a). *Sex and the liberated Man.* Secaucus, NJ: Lyle Stuart.

***Ellis, A. (1976b). The biological basic of human irrationality. *Journal of Individual Psychology,* 32, 145-168. Reprinted. Cassette recording. New York: Institute for Rational-Emotive Therapy.**

**Ellis, A., speaker. (1976c). *Conquering low frustration tolerance.*

Cassette recording. New York: Institute for Rational-Emotive Therapy.

*Ellis, A. (1976d). RET abolishes most of the human ego. *Psychotherapy*, 13, 343-348. Reprinted: Cassette recording. New York: Institute for Rational-Emotive Therapy.

**Ellis, A. (1977a). *Anger-how to live with and without it.* Secaucus, NJ: Citadel Press.

**Ellis, A., speaker. (1977b). *Conquering the dire need for love.* Cassette recording. New York: Institute for Rational-Emotive Therapy.

*Ellis, A. (1977c). Fun as psychotherapy. *Rational Living, 12*(1), 2-6. Also: Cassette recording. New York: Institute for Rational-Emotive Therapy.

**Ellis, A., speaker. (1977d). *A garland of rational humorous songs.* Cassette recording and songbook. Cassette recording. New York: Institute for Rational-Emotive Therapy.

**Ellis, A. (1978). *I'd like to stop but... Dealing with addictions.* Cassette recording. New York: Institute for Rational-Emotive Therapy.

****Ellis, A. (1979a). *The intelligent woman's guide to dating and mating.* Secaucus, NJ: Lyle Stuart.**

*Ellis, A. (1979b). Discomfort anxiety: A new cognitive behavior construct. Part 1. *Rational Living,* 14(2), 3-8.

*Ellis, A. (1979c). A note on the treatment of agoraphobia with cognitive modification versus prolonged exposure. *Behavior Research and Therapy, 17,* 162-164.

*Ellis, A. (1979d). Rational-emotive therapy: Research data that support the clinical and personality hypotheses of RET and other modes of cognitive-behavior therapy. In A. Ellis & J. M. Whiteley, eds. *Theoretical and empirical foundations of rational-emotive therapy* (pp. 101-173). Monterey, CA: Brooks/Cole.

*Ellis, A. (1979e). Rejoinder: Elegant and inelegant RET. In A. Ellis & J. M. Whiteley, *Theoretical and empirical foundations of rational-emotive therapy* (pp. 240-267). Monterey, CA: Brooks/Cole.

*Ellis, A. (1980a). Discomfort anxiety: A new cognitive behavioral construct. Part 2. *Rational Living, 15*(1), 25-30.

*Ellis, A. (1980b). Rational-emotive therapy and cognitive behavior therapy: Similarities and differences. *Cognitive Therapy and Research* 4, 325-340.

**Ellis, A., speaker. (1980c). *Twenty-two ways bringten up your love life.* Cassette recording. New York: Institute for Rational-Emotive Therapy.

*Ellis, A. (1980d). The value of efficiency in paychotherapy. *Psychotherapy, 17,* 414-419. Reprinted in A. Ellis & W. Dryden, (1990). The essential Albert Ellis (pp. 2377-247). New York: Springer.

*Ellis, A. (1980e). Psychotherapy and atheistic values. *Journal of Consulting and Clinical Psychology,* 48, 635-639.

*Ellis, A. (1981). The use of rational humorous songs in psychotherapy. *Voices, 16(4),* 29-36.

**Ellis, A., speaker. (1982). *Solving emotional problems.* Cassette recording. New York: Institute for Rational-Emotive Therapy.

*Ellis, A. (1983a). *The case against religiosity.* New York: Institute for Rational-Emotive Therapy. Rev. ed., 1991.

*Ellis, A. (1983b). Failures in rational-emotive therapy. In E. B. Foa and P. M. G. Emmelkamp, eds. *Failures in behavior therapy* (pp. 159-171). New York: Wiley.

*Ellis, A. (1983c). The philosophic implications and dangers of some popular behavior therapy techniques. In M. Rosenbaum, C. M. Franks & Y. Jaffe, eds. *Perspectives in behavior therapy In the eighties* (pp. 138-151). New York: Springer

*Ellis, A. (1984a). Introduction to H. S. Young, The work of Howard S. Young. Edited by Dryden. *British Journal of Cognitive Psychotherapy, Special Issue,* 2(2), 1-5.

*Ellis, A. (1984b). The place of meditation in cognitive-behavior therapy and rational-emotive therapy. In D. H. Shapiro & R. Walsh, eds. *Meditation* (pp. 671-673). New York: Aldine.

*Ellis, A. (1984c). The use of hypnosis with rational-emotive therapy. *International Journal of Eclectic Psychotherapy, 3*(3), 15-22.

***Ellis, A. (1985a). *Overcoming resistance: Rational-emotive therapy with difficult clients* New York: Springer.**

*Ellis, A. (1985b). *Intellectual fascism.* New York: Institute for Rational-Emotive Therapy. Rev., 1991.

*Ellis, A. (1985c). A rational-emotive approach to acceptance and its relationship to EAPs. In S. H. Klarreich, J. L. Francek, && C. E. Moore, eds. *The human resources management handbook* (pp. 325-333). New York: Praeger.

*Ellis, A. (1986a). Anxiety about anxiety: The use of hypnosis with rational-emotive therapy. In E. T. Dowd & J. M. Healy, eds. *Case studies in hypnotherapy* (pp. 3-11). New York: Guilford.

**Ellis, A., speaker. (1986b). *Effective self-assertion.* Cassette recording. Washington , DC: Psychology Today Tapes.

*Ellis, A. (1986c). Rational-emotive therapy applied to relationship therapy. *Journal of Rational-Emotive Therapy,* 4-21.

*Ellis, A. (1987a). The evolution of rational-emotive therapy (RET) and cognitive-behavior therapy (CBT). In J. K. Zeig, *The evolution of pasychotherapy* (pp. 107-132). New York: Brunner/Mazel.

*Ellis, A. (1987b). The impossibility of achieving consistently good mental health. *American Psychologist*, 42, 364-375.

*Ellis, A. (1987c). Integrative developments in rational-emotive therapy

(RET). *Journal of Integrative and Eclectic Psychotherapy, 6*, 470-479.

*Ellis, A. (1987d). A sadly neglected cognitive element in depression. *Cognitive Therapy and Research, 11*, 121-146.

*Ellis, A. (1987e). The use of rational humorous songs in psychotherapy. In W. F. Fry, Jr. & W. A. Salamed, eds. *Handbook of humor and psychotherapy* (pp. 265-287). Sarasota, FL: Professional Resource Exchange.

***Ellis, A. (1988a). *How to stubbornly refuse to make tourself miserable about anything yes, anything!* Secaucus, NJ: Lvle Stuart.**

**Ellis, A. (1988b). How to live with a neurotic man. *Journal of Rational-Emotive and Cognitive-Behavior Therapy, 6*, 129-136.

**Ellis, A., speaker. (1988c). *Unconditionally accepting yourself and others*. Cassette recording. New York: Institute for Rational-Emotive Therapy.

*Ellis, A. (1989a). Comments on my critics. In M. E. Bernard & R. DiGiuseppe, eds. *Inside rational-emotive therapy* (pp. 199-233). San Diego, CA: Academic Press.

*Ellis, A. (1989b). Comments on Sandra Warnock's "Rational-Emotive Therapy and the Christian client." *Journal of Rational-Emotive & Cognitive-Behavior Therapy, 7*, 275-277.

*Ellis, A. (1989c). The history of cognition in psychotherapy. In A. Freeman, K. M. Simon, L. E. Beutler & H. Aronowitz, eds. *Comprehensive handbook of cognitive therapy* (pp. 5-19). New York: Plenum.

**Ellis, A., speaker. (1989d). *Overcoming the influence of the past*. Cassette recording. New York: Institute for Rational-Emotive Therapy.

*Ellis, A. (1989e). *The treatment of psychotic and borderline individuals with RET*. (Orig. publication, 1965). New York: Institute for

Rational-Emotive Therapy.

*Ellis, A. (1989f). Using rational-emotive therapy (RET) as crisis intervention: A single session with a suicidal client. *Individual Psychology, 45* (1&2), 75-81.

**Ellis, A., speaker. (1990a). *Albert Ellis live at the Learning Annex. 2* cassette. New York: Institute for Rational-Emotive Therapy.

*Ellis, A. (1990b). Is rational-emotive therapy (RET) "rationalist" or "constructivist?" In Ellis, A., & Dryden, W., *The essential Albert Ellis* (pp. 114-141). New York: Springer.

*Ellis, A. (1990c). Let's not ignore individuality. *American Psychologist, 45,* 781.

*Ellis, A. (1990d). My life in clinical psychology. In C. E. Walker, eds. *History of clinical psychology in autobiography.* Homewood, IL: Dorsey.

*Ellis, A. (1990e). Rational and irrational beliefs in counseling psychology. *Journal of Rational-Emotive and Cognitive-Behavior Therapy.*

*Ellis, A. (1990f). Special features of rational-emotive therapy. In W. Dryden & R. DiGiuseppe, *A primer of rational-emotive therapy* (pp. 79-93). Champaign, IL: Research Press.

*Ellis, A. (1991a). Achieving self-actualization. *Journal of Social Behavior and Personality,* 6(5), 1-18. Reprinted: New York: Institute for Rational-Emotive Therapy.

*Ellis, A. (1991d). Are all methods of counseling and psychotherapy equally effective? *New York State Association for Counseling and Development Journal,* 6(2), 9-13.

*Ellis, A. (1991c). *Cognitive aspects of abreactive therapy*, rev. ed. New York: Institute for Rational-Emotive Therapy.

*Ellis, A. (1991d). How can psychological treatment aim to be briefer and better. The rational-emotive approach to brief therapy. In K.

N. Anchor, ed. *The handbook of medical psychotherapy* (pp. 51-88). Toronto: Hografe & Huber. Also in J. K. Zeig & S. G. Gilligan, eds. *Brief therapy: Myths, methods and metaphors* (pp. 291-302). New York: Brunner/Mazel.

**Ellis, A., speaker. (1991e). How to get along with difficult people. Cassette recording. New York: Institute for Rational-Emotive Therapy.

**Ellis, A., speaker. (1991f). *How to refuse to be angry, vindictive, and unforgiving.* Cassette recording. New York: Institute for Rational-Emotive Therapy.

*Ellis, A. (1991g). *Humanism and psychotherapy: A revolutionary approach*, rev. ed. New York: Institute for Rational-Emotive Therapy. Original publication, 1972.

*Ellis, A. (1991h). The philosophical basis of rational-emotive therapy (RET). *Psychotherapy In Private Practice*, 8(4), 97-106.

*Ellis, A. (1991i). *Rational-emotive family therapy.* In A. M. Horne & J. L. Passmore, eds. *Family counseling and therapy*, 2nd edition (pp. 403-434). Itasca, IL: F. E. Peacock.

*Ellis, A. (1991j). The revised ABCs of rational-emotive therapy. In J. Zeig, ed. *The evolution of psychotherapy: The second conference* (pp. 79-99). New York: Brunner/Mazel. Expended version: *Journal of Rational-Emotive and Cognitive-Behavior Therapy, 9,* 139-172.

**Ellis, A. (1991k). *Self-management workbook: Strategies for personal success.* New York: Institute for Rational-Emotive Therapy.

*Ellis, A. (1991l). Suggestibility, irrational beliefs, and emotional disturbance. In J. F. Schumaner, ed. *Human suggestibility* (pp. 309-325). New York: Routledge.

*Ellis, A. (1991m). Using RET effective: Reflections and interview. In M. E. Bernard, ed. *Using rational-emotive therapy effectively* (pp.

1-33). New York: Guilford.

*Ellis, A. (1992a). Brief therapy: The rational-emotive method. In S. H. Budman, M. F. Hoyt, & S. Fiedman, eds. *The first session in brief therapy* (pp. 36-58). New York: Guilford.

*Ellis, A. (1992b). Foreword to Paul Hauck, *Overcoming the rating game* (pp. 1-4). Louisville, KY: Westminster/John Knox.

**Ellis, A., speaker. (1992c). *How to age with stlye.* Cassette recording. New York: Institute for Rational-Emotive Therapy.

*Ellis, A. (1992d). Group rational-emotive and cognitive-behavioral therapy. *International Journal of Group Psychotherapy, 42,* 63-80.

*Ellis, A. (1992e). My current views on rational-emotive therapy (RET) and religiousness. *Journal of Rational-Emotive and Cognitive-Behavior Therapy, 10,* 37-40.

*Ellis, A. (1992f). Rational-emotive approaches to peace. *Journal of Cognitive Psychotherapy,* 6, 79-104.

***Ellis, A. (1993a). Changing rational-emotive therapy (RET) to rational emotive behavior therapy (REBT). *Behavior Therapist,* 16, 257-258.**

***Ellis, A. (1993b). Rational emotive imagery: RET version. In M. E. Bernard & J. L. Wolfe, eds. *The RET source book for practitioners* (pp. II8-II10). New York: Institute for Rational-Emotive Therapy.**

*Ellis, A., speaker. (1993c). *Coping with the suicide of a loved one.* Video cassette. New York: Institute for Rational-Emotive Therapy.

*Ellis, A. (1993d). Fundamentals of rational-emotive therapy for the 1990s. In W. Dryden & L. K. Hill, eds. *Innovations in rational-emotive therapy* (pp. 1-32). Newbury Park, CA: Sage Publications.

*Ellis, A. (1993e). General semantics and rational emotive behavior therapy. *Bulletin of General Semantics*, No. 58, 12-28. Also in P. D. Johnston, D. D. Bourland, Jr., & J. Klein, eds. *More E-prime* (pp. 213-240). Concord, CA: International Society for General Semantics.

**Ellis, A., speaker. (1993f). *How to be a perfect non-perfectionist.* Cassette recording. New York: Institute for Rational-Emotive Therapy.

**Ellis, A., speaker. (1993g). *Living fully and in balance: This isn't a dress rehearsal. This is it!* Cassette recording. New York: Institute for Rational-Emotive Therapy.

*Ellis, A. (1993h). Rational-emotive therapy and hypnosis. In J. W. Rhue, S. J. Lynn, & I. Kirsh, eds. *Handbook of clinical hypnosis* (pp. 173-186). Washington, DC: American Psychological Association.

*Ellis, A. (1993i). The rational-emotive therapy (RET) approach to marriage and family therapy. *Family Journal: Counseling and Therapy for Couples and Families, 1,* 292-307.

*Ellis, A. (1993j). The advantages and disadvantages of self-help therapy materials. *Professional Psychology: Research and Practice, 24,* 335-339.

*Ellis, A. (1993k). Reflections on rational-emotive therapy. *Journal of Counseling and Clinical Psychology,* 61, 199-201.

**Ellis, A., speaker. (1993l). *Releasing your creative energy.* Cassette recording. New York: Institute for Rational-Emotive Therapy.

*Ellis, A. (1993m). Vigorous RET disputing. In M. E. Bernard & J. L. Wolfe, eds. *The RET resource book for practitioners* (pp. 117). New York: Institute for Rational-Emotive Therapy.

*Ellis, A., speaker. (1993n). *Rational-emotive approach to brief therapy.* 2 cassette recording. Phoenix, AZ: Milton Erickson Foundation.

***Ellis, A. (1994a). *Reason and emotion in psychotherapy.* Revised and updated. New York: Birch Lane Press.**

*Ellis, A. (1994b). Post-traumatic stress disorder (PTSD) in rape victims: A rational emotive behavioral theory. *Journal of Rational-Emotive and Cognitive-Behavior Therapy, 12,* 3-25.

*Ellis, A. (1994c). Radical behavior treatment of private events: A response to Michael Dougher. *Behavior Therapist, 17*, 219-221.

*Ellis, A. (1994d). Rational emotive behavior therapy approaches to obsessive-comprehensive disorder (OCD). *Journal of Rational-Emotive Therapy. Emotive and Cognitive-Behavior Therapy, 12,* 121-141.

*Ellis, A. (1994e). Foreword to P. D. Johnston , D. D. Bourland, Jr., & J. Klein, eds. *More E-prime* (pp. x iii- x v iii). Concord, CA: International Society for General Semantics.

*Ellis, A. (1994f). Secular humanism. In F. Wertz, ed. *The humanistic movement* (pp. 233-242). Lakeworth, FL: Gardner Press.

*Ellis, A. (1994g). The treatment of borderline personalities with rational emotive behavior therapy. *Journal of Rational-Emotive and Cognitive-Behavior Therapy, 12,* 101-119.

*Ellis, A. (1994h). Life in a box. Review of D. W. Bjork, *B. F. Skinner: A Life. Readings,* 9(4), 16-21.

*Ellis, A. (1994i). The sport of avoiding sports and exercise. *Sport Psychologist,* 8, 240-261.

*Ellis, A. (1995a). A social constructionist position for mental health counseling: A response to Jeffrey A. Guterman. *Journal of Mental Health Counseling.*

*Ellis, A. (1995b, March 6). Dogmatic religion doesn't help, it hurts. *Insight in The News,* pp. 20-22.

***Ellis, A. (1996). *Better, deeper, and more enduring therapy.* New York: Brunner/Mazel.**

***Ellis, A. (1997). Postmodern ethics for active-directive counseling and psychotherapy. *Journal of Mental Health Counseling, 18,* 211-225.**

Ellis, A. (1999). *How to be happy and remarkably less disturbable.* Atascadero, CA: Impact Publishers.

Ellis, A. (2001a). *Feeling better, getting better, and staying better.* Atascadero, CA: Impact Publishers.

Ellis, A. (2001b). *Overcoming destructive beliefs, feelings, and behaviors.* Amherst, NY: Prometheus Books.

Ellis, A. (2002). *Overcoming resistance: A rational emotive behavior therapy integrative approach.* New York: Springer.

Ellis, A. (2003a). *Ask Albert Ellis.* Atascadero, CA: Impact Publishers.

Ellis, A. (2003b). *Sex without guilt in the twenty-first century.* Ft. Lee, NJ: Barricade Books.

Ellis, A. (2003b). Similarities and differences between rational emotive behavior therapy and cognitive therapy. *Journal of Cognitive Therapy, 13,* 225-240.

Ellis, A. (2004a). *Rational emotive behavior therapy: It works for me, it can work for you.* Amherst, NY: Prometheus Books.

Ellis, A. (2004b). *The road to tolerance.* Amherst, NY: Prometheus Books.

Ellis, A. (in press). Can Rational Emotive Behavior Therapy (REBT) and Acceptance and Commitment Therapy (ACT) resolve their differences and be integrated? *Journal of Rational-Emotive and Cognitive Behavior Therapy.*

***Ellis, A., & Abrahms, E. (1978). *Brief psychotherapy in medical and health practice.* New York: Springer.**

**Ellis, A., & Abrams, M. (1994). *How to cope with a fatal disease.* New York: Barricade Books.

**Ellis, A., Abrams, M., & Dengelegi, L. (1992). *The art and science of rational eating.* New York: Barricade Books.

**Ellis, A., & Becker, I. (1982). *A guide to personal happiness.* North Hollywood, CA: Wilshire Books.

**Ellis, A., & Bernard, M. E., eds. (1983). *Rational-emotive approaches* *to the problems of childhood.*

*Ellis, A., & Bernard, M. E., eds. (1985b). *Clinical applications of rational-emotive therapy.* New York: Plenum.

*Ellis, A., & DiGiuseppe, R., speaker. (1994). *Dealing with additions. Videotape.* New York: Institute for Rational-Emotive Therapy.

**Ellis, A., & DiMattia, D. (1991). *Self-management: Strategies for personal success.* New York: Institute for Rational-Emotive Therapy.

*Ellis, A., & Dryden, W. (1985). Dilemmas in giving warmth or love to clients: An interview with Windy Dryden. In W. Dryden, *Therapists' Dilemmas* (pp. 5-16). London: Harper & Row.

*Ellis, A., & Dryden, W. (1987). The practice of rational-emotive therapy. New York: Springer.

*Ellis, A., & Dryden, W. (1990). The essential Albert Ellis. New York: Springer.

*Ellis, A., & Dryden, W. (1991). *A dialogue with Albert Ellis: Against dogma.* Philadelphia: Open University Press.

*Ellis, A., & Dryden, W. (1993). A therapy by any other name? An interview. *The Rational Emotive Therapist, 1(2)*, 34-37.

*Ellis, A., & Dryden, W. (1997). *The practice of rational emotive behavior therapy.* Rev. ed., New York: Springer.

*Ellis, A. Gordon, J., Neenan, M. & Palmer, S. (1997). *Stress Counseling: A rational emotive behavior approach.* London: Cassell and New York: Springer.

*Ellis, A., & Grieger, R., eds. (1977). *Handbook of rational-emotive therapy,* vol. 1. New York: Springer.

*Ellis, A., & Grieger, R., eds. (1986). *Handbook of rational-emotive therapy,* vol. 2. New York: Springer.

**Ellis, A., & Harper, R. A. (1961). *A guide to successful marriage.* North Hollywood, CA: Wilshire Books.

****Ellis, A., & Harper, R. A. (1997). *A guide to rational living.* 3rd Rev. ed., North Hollywood, CA: Melvin Powers.**

**Ellis, A., & Hunter, P. (1991). *Why am I always broke?* New York: Carol Publications.

**Ellis, A., & Knaus, W. (1977). *Overcoming procrastination.* New York: New American Library.

**Ellis, A., Krasner, P., & Wilson, R. A. (1960). An impolite interview with Dr. Albert Ellis. *Realist*, Issue 16, 1, 9-14; Issue 17, 7-12. Rev. ed., New York: Institute for Rational-Emotive Therapy. Rev. ed., 1985.

**Ellis, A., & Lange, A. (1994). *How to keep people from pushing your buttons.* New York: Carol Publishing.

*Ellis, A., McInerny, J. F., DiGiuseppe, R., & Yeager, R. J. (1988). *Rational-emotive therapy with alcoholics and substance abusers.* Needham, MA: Allyn & Bacon.

*Ellis, A., & Robb, H. (1994). Acceptance in rational-emotive therapy. In S. C. Hayes, N. S. Jacobson, V. M. Follette, & M. J. Dougher, eds. *Acceptance and change : Content and context in psychotherapy* (pp. 91-102). Ren, NV: Context Press.

*Ellis, A., Sichel, J., Leaf, R. C., & Mass, R. (1989). Countering perfectionism in research on clinical practice. I: Surveying rationality changes after a single intensive RET intervention. *Journal of Rational-Emotive & Cognitive-Behavior Therapy, 7*, 197-218.

***Ellis, A., Sichel, J., L., Yeager, R. J., DiMattia, D. J., & DiGiuseppe, R. A. (1989). *Rational-emotive couples therapy.* Needham, MA: Allyn & Bacon.**

****Ellis, A., & Velten, E. (1992). *When AA doesn't work for you: Rational steps for quitting alcohol.* New York: Barricade Books.**

*Ellis, A., & Whiteley, J. M. (1979). *Theoretical and empirical foundations of rational-emotive therapy.* Monterey, CA: Brooks/Cole.

**Ellis, A., Wolfe, J. L., & Moseley, S. (1966). *How to raise an emotionally healthy, happy child.* North Hollywood, CA: Wilshire Books.

*Ellis, A., & Yeager, R. (1989). *Why some therapies don't work: The dangers of transpersonal psychology.* Buffalo, NY: Prometheus.

*Ellis, A., Young., & Lockwood, G. (1987). Cognitive therapy and rational emotive therapy: A dialogue. *Journal of Cognitive Psychotherapy, 1*(4), 137-187.

*Engels, G. I., Garnefski, N., & Diekstra, R. F. W. (1993). Efficacy of rational-emotive therapy: A quantitative analysis. *Journal of Consulting and Clinical Psychology, 61*, 1083-1090.

***Epictetus. (1899). *The collected works of Epictetus.* Boston: Little, Brown.**

*Epicurus (1994). *Letter on happiness.* San Francisco: Chronicle Books.

**Epstein, S. (1993). *You're smarter than you think.* New York: Simon & Schuster.

*Epstein, S. (1994). Integration of the cognitive and the psychodynamic unconscious. *American Psychologist, 49*, 709.

*Eysenck, M. W. (1992). *Anxiety: The cognitive perspective.* Hillside, NJ: Erlbaurn.

Fava, M., Bless, E., Otto, M. W., Pava, A., et al. (1994). Dysfuctional attitudes in major depression: Change with pharmacotherapy. *Journal of Nervous & Mental Disease,* 182, 45-49.

Feyerband, P. (1975). *Against method.* New York: Humanistics Press.

*FitzMaurice, K. (1989). *Self-concept: The enemy within.* Omaha, NE: FitzMaurice Publishing Co.

*FitzMaurice, K. (1991). *We're all insane.* Omaha, NE: Palmtree Publishers.

*FitzMaurice, K. (1994). *Introducing the 12 steps of emotional disturbances.* Omaha, NE: Author.

**Foa, E. B., & Wilson, R. (1991). *Stop obsessing: How to overcome your obsessions and compulsions.* New York: Bantam.

*Forest, J. (1987). Effects of self-actualization of paperbacks about psychological self-help. *Psychological Reports, 60*, 1243-1246.

Frank, J. (1985). Therapeutic components shared by all psychotherapies. In M. Mahoney & A. Freeman, eds. *Cognition and psychotherapy* (pp. 49-79). New York: Plenum.

*Frank, J. D., & Frank, J. B. (1991). *Persuasion and healing.* Baltimore, MD: Johns Hopkins University Press.

*Frankl, V. (1959). *Man's search for meaning.* New York: Pocket Books.

*Franklin, R. (1993). *Overcoming the myth of self-worth.* Appleton, WI: Focus Press.

*Freeman, A. (1994). *Short-term therapy for the long-term patient: Workshop syllabus.* Chapel Hill, NJ: Author.

*Freeman, A., & Dattillo, F. W. (1992). *Comprehensive casebook of cognitive therapy.* New York: Plenum.

**Freeman, A., & DeWolfe, R. (1993). *The ten dumbest mistake smart people make and how to avoid them.* New York: Harper Perennial.

Freud, S. (1965). *Standard edition of the complete psychological works of Sigmund Freud.* New York: Basic Books.

*Fried, R. (1993). *The psychology and physiology of breaking.* New York: Plenum.

*Friedman, M. I., & Lackey, G. H., Jr. (1991). *The psychology of human control.* New York: Praeger.

**Froggatt, W. (1993). *Choose to be happy.* New Zealand: Harper-Collins.

*Gerber, D. M. (1993). Re: Exposure therapy. *Behavior Therapist, 16*(2), 13.

*Gerald, M., & Eyman, W. (1981). *Thinking straight and talking sense:*

An emotional education program. New York: Institute for Rational-Emotive Therapy.

Gergen, R. J. (1991). *The saturated self.* New York: Basic Books.

***Glass, C. R., & Arnkoff, D. B. (1997). Questionnaire methods of cognitive self-statement assessment. *Journal of Counseling and Clinical Psychology,* 65, 971-927.**

***Glasser, W. (1965). *Reality therapy.* New York: Harper & Row.**

*Glasser, W. (1992a). Reality therapy. In J. K. Zeig, ed. *The evolution of psychotherapy: The second conference* (pp. 270-282). New York: Brunner/Mazel.

*Glasser, W. (1992b). Discussion of Jay Haley, Zen and the art of therapy. In J. K. Zeig, ed., *The evolution of psychotherapy: The second conference* (pp. 34-35). New York: Brunner/Mazel.

*Golden, W. L., Dowd, E. T., & Friedberg, F. (1987). *Hypnotherapy: A modern approach.* New York: Pergamon.

*Goldfried, M. R., & Castonguay, L. G. (1993). Behavior therapy: Redefining strengths and limitations. *Behavior Therapy, 24,* 505-526.

*Goldfried, M. R., & Davison, G. C. (1991). *Clinical behavior therapy,* 3rd ed. New York: Holt Rinehart & Winston.

Goldsmith, T. H. (1991). *The biological roots of human nature.* New York: Oxford.

*Goleman, D. (1989, July 6). Feeling gloomy? A good self-help book may actually help. *New York Times, p.* B6.

*Goleman, D. (1993, March 21). A slow methodical calming of the mind. *New York Times Magazine, p.* 20-21.

**Gordon, S. (1994). *"Is there anything I can do?" Helping a fried when times are tough.* New York: Delacorts.

*Gould, R. A., Clum, G. A., & Shapiro, D. (1993). The use of bibliotherapy in the treatment of panic: A preliminary investigation.

Behavior Therapy, 24, 241-252.

*GouldiNg, M. M. (1992). Short-term redecision therapy in the treatment of clients who suffered childhood abuse. In J. Zeig, ed. *The evolution of psychotherapy: The second conference* (pp. 239-251). New York: Brunner/Mazel.

*Granvold, D. K., ed. (1994). *Cognitive and behavior treatment: Methods and applications.* Pacific Grove, CA: Brooks/Cole.

*Greenberg, L. S., & Safran, J. D. (1987). *Emotion in psychotherapy.* New York: Guilford.

*Greenwald, H. (1987). *Direct decision therapy.* San Diego, CA: Edits.

*Greist, J. H. (1993). *Obsessive compulsive disorder.* Madison, WI: Dean Foundation for Health and Education.

*Grieger, R. M. (1988). From a linear to a contextual model of the ABCs of RET. In W. Dryden and P. Trower, eds. *Developments in cognitive psychotherapy* (pp. 71-105). London: Sage.

*Grieger, R., & Boyd, J. (1980). *Rational-emotive therapy: A skills-based approach.* New York: Van Nostrand Reinhold.

**Grieger, R. M., & Woods, P. J. (1993). *The rational-emotive therapy companion.* Roanoke, VA: Scholars Press.

*Grossack, M. (1976). *Love and reason.* Boston: Institute for Rational Living.

*Guidano, V. F. (1991). *The self in progress.* New York: Guilford.

Guterman, J. T. (1994). A social constructionist position for mental health counseling. *Journal of Mental Health Counseling, 16,* 226-244.

*Haaga, D. A., & Davison, G. C. (1989). Outcome studies of rational-emotive therapy. In M. E. Bernard & R. DiGiuseppe, eds. *Inside rational-emotive therapy* (pp. 155-1977). San Diego, CA: Academic Press.

*Hajzler, D., & Bernard, M. E. (1991). A review of rational-emotive outcome studies. *School Psychology Quarterly, 6*(1), 27-49.

*Haley, J. (1963). *Strategies of psychotherapy.* New York: Grune & Stratton.

*Haley, J. (1990). *Problem solving therapy.* San Francisco: Jossey-Bass.

*Hammond, D. C., & Stanfield, K. (1977). Multi-dimensional psychotherapy Chicago: Institute for Personality and Ability Testing.

**Hauck, P. A. (1973). *Overcoming depression.* Philadelphia: Westminster.

**Hauck, P. A. (1974). *Overcoming frustration and anger.* Philadelphia: Westminster.

**Hauck, P. A. (1977). *Marriage is a loving business.* Philadelphia: Westminster.

**Hauck, P. A. (1991). *Overcoming the rating game: Beyond self-love, beyond self-esteem.* Louisville, KY: Westminster/John Knox.

Hayes, S. C. (in press). Stability and change in cognitive behavior therapy; Considering the implications of ACT and REBT. *Journal of Rational-Emotive and Cognitive Behavior Therapy.*

Hayes, S. C., Follette, V., & Lineham, M. (2004). *Expanding the cognitive behavior tradition.* New York: Guilford.

Hayes, S. C., Stroshahl, K., & Wilson, K. G. (1999). *Acceptance and commitment therapy.* New York: Guilford.

Hayes, S. C. (1987). A contextual approach to therapeutic change. In N. Jacobson, ed. *Therapists in clinical practice* (p. 327-386) New York: Guilford.

*Hayes, S. C. (1995). Why cognitions are not causes. *Behavior Therapist,* 18, 59-60.

*Hayes, S. C., & Hayes, L. J. (1992). Some clinical implications of contextualistic behaviorism: The example of cognition. *Behavior*

Therapy, 23, 225-249.

*Hayes, S. C., McCurry, S. M., Afan, N., & Wilson, K. (1991). *Acceptance and commitment therapy* (ACT). Reno, NV: University of Nevada.

*Hayes, S. C., & Melancon, S. M. (1989). Comprehensive distancing, paradox, and the treatment of emotional avoidance. In M. Ascher, ed. *Paradoxical procedures in psychotherapy* (pp. 110-130). New York: Guilford.

Heidegger, M. (1962). *Being and time*. New York: Harper & Row.

*Herzberg, A. (1945). *Active psychotherapy*. New York: Grune & Stratton.

*Hollon, S. D., & Beck, A. T. (1994). Cognitive and cognitive/behavioral therapies. In A. E. Bergin & S. L. Garfield, eds. *Handbook of psychotherapy and behavior change* (pp. 428-466). New York: Wiley.

Ivey, A. E., & Rigazio-DiGilio, S. A. (1991). Toward a developmental practice of mental health counseling: strategies for training, practice, and political unity. *Journal of Mental Health Counseling, 13*, 21-26.

***Janet, P. (1898). *Neurosis et idée fixes*. 2 vols. Paris: Alcan.**

*Janis, I. L. (1983). *Short-term counseling*. New Haven, CT: Yale University Press.

*Janis, I. L., & Mann, L. (1977). *Decision making*. New York: Free Press.

**Jacobson, N. S. (1992). Behavioral couple therapy: A new beginning. *Behavior Therapy, 23,* 491-506.

*Johnson, W. (1946). *People in quandaries*. New York: Harper & Row.

*Johnson, W. R. (1981). *So desperate the fight*. New York: Institute for Rational-Emotive Therapy.

*Kanfer, F. H., & Goldstein, A. P., eds. (1986). *Helping people change*. 3rd ed. New York: Pergamon.

*Kanfer, F. H., & Schefft, B. K. (1988). *Guiding the process of therapeutic change*. New York: Pergamon.

*Kazdin, A. E. (1994). Psychotherapy for children adolescence. In A. E. Bergin & S. L. Garfield, eds. *Handbook of psychotherapy and behavior change* (pp. 543-594). New York: Wiley.

*Kelly, G. (1955). *The psychology of personal constructs.* 2 vols. New York: Norton.

*Kendall, P. C., & Hollon, S. D. (1980). *Assessment strategies for cognitive behavior interventions.* New York: Academic Press.

*Kiser, D. J., Piercy, E. P., & Lipchik, E. (1993). The integration of emotion in solution-focused therapy. *Journal of Marital and Family Therapy, 19*, 233-242.

Klein, M. (1984). *Envy and gratitude and other works.* New York: Free Press.

*Klerman, G. L., Rounsville, B., Chevron, E., Neu, C., & Weissman, M. (1979). *Manual for short-term interpersonal psychotherapy (IPT) of depression.* New Haven: Boston Collaborative Depression Project.

*Knaus, W. (1974). *Rational-emotive education.* New York: Institute for Rational-Emotive Therapy.

Kohut, H. (1991). *The search for the self: selected writings of Heinz Kohut.* Madison, CT: International University Press.

*Kopec, A. M., Beal, D., & DiGiuseppe, R. (1994). Training in RET: Disputational strategies. *Journal of Rational-Emotive and Cognitive-Behavior Therapy, 12.*

Korzybski, A. (1933). *Science and sanity.* San Francisco: International Society of General Semantics.

*Kottler, J. A. (1991). *The complete therapist.* San Francisco: Jossey-Bass.

*Kuehlwein, K. T., & Rosen, H. eds. (1993). *Cognitive therapist in action.* San Francisco: Jossey-Bass.

*Kwee, M. G. T. (1982). Psychotherapy and the practice of general semantics. *Methodology and Science, 15,* 236-256.

*Kwee, M. (1991). Cognitive and behavioral approaches to meditation. In M. G. Kwee, *Psychotherapy, meditation and health* (pp. 36-53). London: East/West Publication.

*Kwee, M. G. T. (1991). *Psychotherapy, meditation and health: A cognitive behavioral perspective.* London: East/West Publication.

*Lange, A., & Jakubowski, P. (1976). *Responsible assertive behavior.* Champaign, IL: Research Press.

*Laydon, M. A., & Newman, C. F. (1993). *Cognitive therapy of borderline disorder.* Des Moines, IA: Longwood Division, Allyn & Bacon.

*Lazarus, A. A. (1977). Toward an egoless state of being. In A. Ellis & R. Grieger, eds. *Handbook of rational-emotive therapy.* Vol. 1 (pp. 113-116). New York: Springer.

**Lazarus, A. A. (2001). *Marital myths revisited.* Atascadero, CA: Impact Publishers, Inc.

***Lazarus, A. A. (1989). *The practice of multimodal therapy.* Balltimore, MD: Johns Hopkins.**

*Lazarus, A. A. (1992). Clinical/therapeutic effectiveness: Banning the procrustean bed and challenging 10 prevalent myths. In J. K. Zeig, ed. *The evolution of psychotherapy: The second conference* (pp. 100-113).

Lazarus, A. A., & Lazarus, C. N. (1997). *The 60-second shrink. Atascadero,* CA: Impact Publishers, Inc.

**Lazarus, A. A., Lazarus, C., & Fay, A. (1993). *Don't believe it for a minute: Forty toxic ideas that are driving you crazy.* Atascadero, CA: Impact Publishers, Inc.

*Lazarus, R. S. (1966). *Psychological stress and the coping process.* New York: Springer.

*Lazarus, R. S. (1994). *Emotion and adaptation.* New York: Oxford.

*Lazarus, R. S., & Folkman, S. (1984). *Stress, appraisal, and coping.* New York: Springer.

*Lazarus, R. S., & Lazarus, B. N. (1994). *Passion and reason.* New York: Oxford.

**Lewinsohn, P., Antonuccio, D., Breckenridge, J., & Trei, L. (1984). *"The coping with depression course."* Eugene, OR: Castalia.

*Levey, A. B., Aldaz, J. A., Watts, F. N., & Coyle, K. (1991). Articulatory suppression and the treatment of insomnia. *Behavior Research and Therapy, 29*, 85-89.

*Lichtenberg, J. W., Johnson, D. D., & Arachtingi, B. M. (1992). Physical illness and subscription to Ellis's irrational beliefs. *Journal of Counseling and Development, 71*, 157-163.

*Lightsey, O. R., Jr. (1994). "Thinking positive" as a stress buffer: Role of positive automatic cognitions in depression and happiness. *Journal of Counseling Psychology, 41*, 325-334.

*Linehan, M. M. (1993). *Cognitive-behavioral treatment of borderline personality disorders.* New York: Guilford.

*Lipsey, M. W., & Wilson, D. B. (1993). The efficacy of psychological, educational, and behavior treatment: Confirmation from meta-analysis. *American Psychologist, 48*, 1181-1209.

**Low, A. A. (1952). *Mental health through will training.* Boston: Christopher.

***Lyons, L. C., & Woods, P. J. (1991). The efficacy of rational-emotive therapy: A quantitative review of the outcome research. *Clinical Psychology Review, 11*, 357-369.**

***Mahoney, M. J. (1991). *Human change processes.* New York: Basic Books.**

*Mahoney, M. J., ed. (1995). *Cognitive and constructive psychothera-*

pies: Theory and practice. New York: Springer.

**Marcus Aurelius. (1980). *Meditations*. Boston: Little, Brown.

*Marks, I. (1994). Behavior as an aid to self-care. *Current Directions in Psychological Science, 3*(1), 19-22.

*Marlatt, G. A., & Gordon, J. R., eds. (1989). *Relapse prevention: Maintenance strategies in the treatment of additive behaviors*. New York: Guilford.

*Marmor, J. (1987). The psychotherapeutic process: Common denominators on diverse approaches. In J. Zeig, ed. *The evolution of psychotherapy* (pp. 266-282). New York: Brunner/Mazel.

***Maultsby, M. C., Jr. (1971a). Rational emotive imagery. *Rational Living, 6*(1), 24-27.**

*Maultsby, M. C., Jr. (1971b). Systematic written homework in psychotherapy. *Psychotherapy, 8,* 195-198.

***Maultsby, M. C., Jr. (1984). *Rational behavior therapy*. Englewood Cliffs, NJ: Prentice-Hall.**

May, R. (1969). *Love and will*. New York: Norton.

***McGovern, T. E., & Silverman, M. S. (1984). A review of outcome studies of rational-emotive therapy from 1977 to 1982. *Journal of Rational-Emotive Therapy, 2*(1), 7-18.**

**McKay, G. D., & Dinkmeyer, D. (2002). *How you feel is up to you*. Atascadero, CA: Impact Publishers, Inc.

*McMullin, R. (1986). *Handbook of cognitive therapy techniques*. New York: Norton.

***Meichenbaum, D. (1977). *Cognitive-behavior modification*. New York: Plenum.**

*Meichenbaum, D. (1992). Evolution of cognitive behavior therapy: Origins, tenets, and clinical examples. In J. K. Zeig, ed. *The evolution of psychotherapy: The second conference* (pp. 114-128).

*Meichenbaum, D., & Camerion, R. (1983). Stress inoculation training. In D. Meicenbaum & M. E. Jaremko, eds. *Stress reduction and prevention* (pp. 115-154). New York: Plenum.

**Miller, T. (1986). *The unfair advantage.* Manlius, NY: Horsesense, Inc.

**Mills, D. (1993). *Overcoming self-esteem.* New York: Institute for Rational-Emotive Therapy.

*Neimeyer, G. J. (1993). The challenge of change: Reflections on constructive psychotherapy. *Journal of Cognitive Psychotherapy, 7,* 183-194.

*Neimeyer, R. A. (1993). Constructivism and the cognitive psychotherapies: Some conceptual and strategic contrasts. *Journal of Cognitive Psychotherapy, 7,* 159-171.

***Neimeyer, R. A., & Mahoney, M. V. (1995). *Constructivism in psychotherapy.* Washington, D.C: American Psychological Association.**

*Nezu, A. M. (1985). Differences in psychological distress between effective and ineffective problem solvers. *Journal of Counseling Psychology, 54,* 135-138.

*Nezu, A. M. (1986). Efficacy of a social problem-solving therapy approach for unipolar depression. *Journal of Consulting and Clinical Psychology, 54,* 42-48.

*Norcross, J. C., & Goldfried, M. R. (1992). *Handbook of psychotherapy integration.* New York: Basic Books.

**Nottingham, E. (1992). *It's not as bad as it seems: A thinking approach to happiness.* Memphis, TN: Castle Books.

**Nye, B. (1993). *Understanding and managing your anger and aggression.* Federal Way, WA: BCA Publishing.

*O'Hanlon, B., & Beadle, S. (1994). *A field guide to possibility land: Possibility therapy methods.* Omaha, NE: Possibility Press.

*O'Hanlon, B., & Wilk, J. (1987). *Shifting contexts: The generation of* *effective psychotherapy*. New York: Guilford.

*Olkin, R. (1994). The use of a paradoxical intervention for the treatment of recalcitrant temper tantrums. *Behavior Therapist*, 17, 37-40.

Padesky, C. A., & Beck, A. G. (2004). Science and philosophy: Comparison of cognitive therapy and rational emotive behavior therapy. *Journal of Cognitive Therapy, 17,* 221-224.

*Palmer, S., Dryden, W., Ellis, A., & Yapp, R. (1995). *Rational interviews*. London: Centre for Rational Emotive Behavior Therapy.

*Palmer, S., & Ellis, A. (1994). In the counselor's chair. *The Rational Emotive Therapist, 2*(1), 6-15. From Counseling Journal, 1993, 4, 171-174.

Paul, G. L. (1967). Strategy of outcome research in psychotherapy. *Journal of Consulting Psychology*, 31, 108-118.

**Peale, N. V. (1952). The power of positive thinking. New York: Fawcett.

Perls, F. (1969). *Gestalt therapy verbatim*. New York: Delta.

*Peterson, C., Maier, S. F., & Seligman, M. E. P. (1993). *Learned helplessness*. New York: Oxford.

*Phadke, K. M. (1982). Some innovations in RET theory and practice. *Rational Living*, 17(2), 25-30.

*Phillips, E. L., & Wiener, D. N. (1966). *Short-term psychotherapy and structured behavior change*. New York: McGraw-Hill.

*Pietsch, W. V. (1993). *The serenity prayer*. San Francisco: Harper San Francisco.

*Plutchik, R., & Kelerman, H. (1990). *Emotion, psychopathology, and psychotherapy*. San Diego, CA: Academic Press.

Popper, K. R. (1985). *Popper selections*. ed. by David Miller. Princeton, NJ: University Press.

**Powell, J. (1976). *Fully human, fully afire*. Niles, IL: Argus.

*Prochaska, J. O., DiClemente, C. C., & Norcross, J. C. (1992). In search of how people change: Applications to addictive behavior. *American Psychologist 47*, 1102-1114.

*Raimy, V. (1975). *Misunderstandings of the self.* San Francisco: Jossey-Bass.

Reich, W. (1960). *Selected writings.* New York: Farrar, Straus and Cudahy.

*Robin, M. W., & DiGiuseppe, R. (1993). Rational-emotive therapy with an avoidant personality. In K. T. Kuehlwein & H. Rosen, eds. *Cognitive therapies in action* (pp. 143-159).

Rogers, C. R. (1957). The necessary and sufficient conditions of therapeutic personality change. *Journal of Consulting Psychology, 21,* 95-103.

Rogers, C. R. (1961). *On becoming a person.* Boston: Houghton-Mifflin.

*Roger, L. G. (1989). Rational-emotive theory: I. An integrated psychological and philosophic basis. II. Explication and evaluation. *Cognitive Therapy and Research, 13,* 75-492; 531-548.

*Rotter, J. B. (1954). *Social learning and clinical psychology.* Englewood Cliffs, NJ: Prentice-Hall.

*Rush, A. J. (1989). The therapeutic alliance in short-term cognitive-behavior therapy. In W. Dryden & P. Trower, eds. *Cognitive psychotherapy: Stasis and change* (pp. 59-772). London: Cassell.

*Russell, B. (1950). *The conquest of happiness.* New York: New American Library.

*Safran, J. D., & Greenberg, L. S., eds. (1991). *Emotion, psychotherapy, and change.* New York: Guilford.

*Salter, A. (1949). COnditional reflex therapy. New York: Creative Age.

Sampson, E. E. (1989). The challenge of social change in psychology

Globalization and psychology's theory of the person. *American Psychologist, 44*, 914-921.

Sampson, E. E. (1989). The challenge of social change in psychology Globalization and psychology's theory of the person. *American Psychologist, 44*, 914-921.

*Satir, V. (1978). *People making.* Palo Alto: Science & Behavior Books.

*Schwartz, R. (1993). The idea of balance and integrative psychotherapy. *Journal of Psychotherapy Integration,* 3, 159-181.

Schwartz, R. B. (1997). Consider the simple screw: cognitive science, quality improvement, and psychotherapy. *Journal of Consulting and Clinical Psychology,* 65, 970-983.

*Scoggin, F., Bynum, J., Stephens, G., & Calhoun, S. (1990). Efficacy of self-administered treatment programs: Meta-analytic review. *Professional Psychology, 21*, 42-47.

*Scoggin, F., & McElreath, L. (1994). Efficacy of psychosocial treatment for geriatric depression: A quantitative review. *Journal of Consulting and Clinical Psychology,* 62, 68-74.

*Seligman, M. E. P. (1991). *Learned optimism.* New York: Knopf.

*Shibles. W. (1974). *Emotion: The method of philosophical therapy.* Whitewater, WI: Language Press.

*Shihan, V., & Rohrbaugh, M. (1994). Paradoxical intervention. In R. J. Corsini, ed. *Encylopedia of psychology*, Vol. 3 (pp. 5-8). New York: Wiley.

*Shostrom, E. L. (1976). Actualizing therapy. San Diego, CA: Edits.

**Sichel, J., & Ellis, A. (1984). *RET self-help form.* New York: Institute for Rational-Emotive Therapy.

Silverman, M. S., McCarthy, M., & McGovern, T. (1992). A review of outcome studies of rational-emotive therapy from 1982-1989. *Journal of Rational-Emotive and Cognitive-Behavior Therapist,

***10(3),* 111-186.**

**Simon, J. L. (1993). *Good mood.* LaSalle, IL: Open Court.

*Smith, M. L., & Glass, G. V. (1977). Meta-analysis of psychotherapy outcome studies. *American Psychologist, 32*, 752-760.

*Smith, M. L., Glass, G. V., & Miller, T. I. (1980). *The benefits of psychotherapy.* Baltimore: Johns Hopkins University Press.

*Sookman, D., Pinard, G., & Beauchemin, N. (1994). Multidimensional schematic restructuring treatment for obsessions: Theory and practice. *Journal of Cognitive Psychotherapy, 8,* 175-207.

**Spillane, R. (1985). *Achieving peak performance: A psychology of success in the organization.* Sydney, Australia: Harper & Row.

*Spivack, G., Platt, J., & Shure, M. (19776). *The problem-solving approach to adjustment.* San Francisco: Jossey-Bass.

*Spivack, G., & Shure, M. (1974). *Social adjustment in young children.* San Francisco: Jossey-Bass.

*Stanton, H. (1977). The utilization of suggestions derived from rational-emotive therapy. *International Journal of Clinical and Experimental Hypnosis*, 25, 28-26.

*Stanton, H. E. (1989). Hypnosis and rational-emotive therapy - A destressing combination. *International Journal of Clinical and Experimental Hypnosis, 37*, 95-99.

*Starker, S. (1988a). Do-it-yourself therapy. *Psychotherapy,* 25, 142-146.

*Starker, S. (1988b). Psychologists and self-help books. *American Journal of Psychotherapy, 43*, 448-455.

*Stroud, W. L., Jr. (1994). A cognitive-behavioral view of agency and freedom. *American Psychologist, 44,* 142-143.

Sullivan, H. S. (1953). *The interpersonal theory of psychiatry.* New York: Norton.

*Thorpe, F. C. (1950). *Principles of personality counseling.* Brandon,

VT: Journal of Clinical Psychology Press.

Tillich, P. (1953). *The courage to be*. New York: Oxford.

*Tosi, D. J., Fuller, J., & Gwynne, P. (1980, June). The treatment of hyperactivity and learning disabilities through RSDH. Paper presented at the Third Annual Conference in Rational Emotive Therapy, New York.

*Tosi, D. J., Judha, S. M., & Murphy, M. M. (1989). The effects of a cognitive experiential therapy utilizing hypnosis, cognitive restructuring, and developmental staging on psychological factors associated with duodenal ulcer. *Journal of Cognitive Psychotherapy, 3,* 273-290.

*Tosi, D., & Marzella, J. N. (1977). The treatment of guilt through rational stage directed therapy. In J. L. Wolfe & E. Brand, eds. *Twenty years of rational therapy* (pp. 234-240). New York: Institute for Rational-Emotive Therapy.

*Tosi, D., & Reardon, J. P. (1976). The treatment of guilt through rational stage directed therapy. *Rational Living, 11(1)*, 8-11.

*Tosi, D. J., Rudy, O. R., Lewis, J., & Murphy, M. A. (1992). The psychobiological effects of cognitive experiential therapy, hypnosis, cognitive restructuring, and attention placebo control in the treatment of essential hypertension. *Psychotherapy, 29*, 274-284.

**Trimpey, J. (1989). *Rational recovery from alcoholism: The small book*. New York: Delacorte.

*Trimpey, J. (1993). Step zero: Addition voice recognition technique. *Journal of Rational Recovery,* 6(1), 5-7.

*Trimpey, J. (1994). AVRT in a nutshell.

*Trimpey, J., & Trimpey, L.(1990). Rational recovery from fatness. Lotus, CA: Lotus Press.

Tyler, F. B., Brome, D. B., & Williams, J. E. (1991). *Ethic validity, ecology and psychotherapy*. New York: Plenum.

**Velten, E., speaker. (1987). *How to be unhappy at work*. Cassette recording. New York: Institute for Rational-Emotive Therapy.

*Vernon, A. (1989). *Thinking, feeling, behaving: An emotional education curriculum for children*. Champaign, IL: Research Press.

*Wachtel, P. L. (1977). *Psychoanalysis and behavior therapy: Toward an integration*. New York: Basic Books.

*Wachtel, P. L. (1994). Cyclical processes in personality and psychopathology. *Journal of Abnormal Psychology, 103*, 51-54.

***Walen, S., DiGiuseppe, R., & Dryden, W. (1992). *A practitioner's guide to rational-emotive therapy*. New York: Oxford University Press.**

*Walen, S. R., & Rader, M. W. (1991). Depression and RET. In M. E. Bernard, ed. *Using rational-emotive therapy effectively* (pp. 219-264). New York: Plenum.

**Walter, M. (1994). *Personal resilience*. Kanata, Ontario, Canada: Resilience Training International.

*Warga, C. (1988. September). Profit of psychologist Albert Ellis. *Psychology today*, pp. 18-33. ed., New York: Institute for Rational-Emotive Therapy.

*Warnock, S. (1989). Rational-emotive therapy and the Chritian client. *Journal of Rational-emotive and Cognitive-Behavior Therapy, 7*, 263-274.

*Warren, R., & Zgorides, G. D. (1991). *Anxiety disoders: A rational-emotive perspective*. Des Moines, IA: Longwood Division Ally & Bacon.

*Watson, C. G., Nassar, P., Pelemel, D., Herder, J., et al. (1990). A factor analysis of Ellis irrational beliefs. *Journal of Clinical Psychology, 46*, 412-415.

**Watson, D., & Tharp, R. (1993). *Self-directed behavior*, 6th ed. Pacific Grove: Brooks/Cole.

Watson, J. B. (1919). *Psychology form the standpoint of a behaviorist.* Philadelphia: Lippincott.

*Watzlawick, P., Weakland, J., & Fisch, R. (1974). *Change*. New York: Norton.

*Weinberger, J. (1995). Some common factors aren't so common. *Clinical Psychology, 3*, 58-69.

*Weinrach, S. G. (1980). Unconventional therapist: Albert Ellis. *Personnel and Guidance Journal, 59*, 152-160.

Weissman, M. M. (1995). *Mastering depression: a patient's guide to interpersonal psychotherapy.* Albany, N. Y.: Graywind Publications.

*Wessler, R. L. (1988). Affect and nonconscious processes in cognitive psychotherapy. In W. Dryden & P. Trower, eds. *Developments in cognitive psychotherapy* (pp. 23-40). London: Sage.

*Wessler, R. A., & Wessler, R. L. (1980). *The principles and practice of rational-emotive therapy*. San Francisco, CA: Jossey-Bass.

*Wolfe, J. L., & Naimark, H. (1991). Psychological messages and social context. Strategies for increasing RET's effectiveness with women. In M. Bernard, ed. *Using rational-emotive therapy effectively*. New York: Plenum.

Wolpe, J. (1958). *Psychotherapy by reciprocal inhibition.* Stanford, CA: Stanford University Press.

**Woods, P. J. (1990a). *Controlling your smoking comprehensive set of strategies for smoking reduction*. Roanoke, VA: Scholar's Press.

*Woods, P. J. (1992). A study of belief and non-belief items from the Jones' irrational beliefs test with implications for the theory of RET. *Journal of Rational-Emotive and Cognitive-Behavior Therapy, 10*, 41-52.

*Woods, P. J. (1993). Building positive self-regard. In M. E. Bernard & J. L. Wolfe, eds. *The RET resource book for practitioners.* (I 58- I 61).

Yalom, I. (1990). *Existential psychotherapy.* New York: Basic Books.

Yankura, J., & Dryden, W. (1990). *Doing RET: Albert Ellis in action.* New York: Springer.

**Young, H. S. (1974). *A rational counseling primer.* New York: Institute for Rational-Emotive Therapy.

*Zilbergeld, B. (1983). *The shrinking of America.* Boston: Little, Brown.

찾아보기

인명

내용

저자 소개

Albert Ellis 전 세계에 분회를 두고 있는 합리적 정서행동치료 연구소의 설립자로 『심리치료의 이성과 정서』, 『합리적 정서치료의 실제』, 『분노로부터 나를 지키는 방법』을 비롯한 60권이 넘는 저서를 출간했다.

Catharine MacLaren 합리적 정서행동치료의 공인 슈퍼바이저이며 뉴욕에서 조직 컨설턴트로 활동하고 있다. 이 책은 그녀의 첫 저서다.

역자 소개

서수균 서울대학교 심리학과를 졸업하고, 동 대학교 대학원에서 임상심리학 전공으로 석사와 박사 학위를 받았다. 서울대학교병원에서 임상심리 수련과정을 마쳤으며 서울대학교 대학생활문화원에서 전임상담원으로 근무하였다. 임상심리전문가 및 정신보건임상심리사(1급), 상담심리전문가 자격증을 취득하였으며, 현재 부산대학교 심리학과 교수로 재직 중이다. 주요 저서로 『분노와 관련된 인지적 요인과 그 치료적 함의』, 『불면증』 등이 있으며, 역서로 『심리도식치료』, 『제이콥 모레노』, 『조금 다른 내 아이 특별하게 키우기』, 『긍정심리학』 등이 있다.

김윤희 숙명여자대학교 교육심리학과를 졸업하고, 서울대학교 대학원에서 임상 · 상담심리학 전공으로 석사와 박사 학위를 받았다. 세브란스병원에서 임상심리 수련과정을 마쳤고 임상심리전문가, 상담심리전문가, 정신보건임상심리사(2급) 자격증을 취득하였다. 현재는 삼성조선소 열린상담소 상담원으로 있으며 부산대학교에 출강 중이다. 역서로 『정신분석적 사례이해』가 있다.

합리적 정서행동치료

Rational Emotive Behavior Therapy: ATherapist's Guide(2nd ed.)

2007년 8월 20일 1판 1쇄 발행
2024년 6월 20일 1판 8쇄 발행

지은이 • Albert Ellis · Catharine MacLaren
옮긴이 • 서수균 · 김윤희
펴낸이 • 김 진 환
펴낸곳 • (주) 학지사
04031 서울특별시 마포구 양화로 15길 20 마인드월드빌딩 5층
대표전화 • 02) 330-5114 팩스 • 02) 324-2345
등록번호 • 제313-2006-000265호
홈페이지 • http://www.hakjisa.co.kr
인스타그램 • https://www.instagram.com/hakjisabook

ISBN 978-89-5891-504-1 93180

정가 **13,000**원

역자와의 협약으로 인지는 생략합니다.
파본은 구입처에서 교환하여 드립니다.